Kamper: Bildstörungen

Schriftenreihe der
Staatlichen Hochschule
für Gestaltung Karlsruhe

Band 4

Herausgegeben
von Heinrich Klotz

Dietmar Kamper
Bildstörungen
Im Orbit
des Imaginären

Cantz Verlag

1. Auflage Stuttgart 1994
Redaktion: Andreas Stephan
© für die Texte beim Autor und beim
Cantz Verlag, Ostfildern bei Stuttgart

Ausstattung: Holger Jost, HfG Karlsruhe
Herstellung: Dr. Cantz'sche Druckerei
Printed in Germany
ISBN 3-89322-651-6

Inhalt

Vorbemerkungen 7
Die Leiden der Augen 19
Blutiger Kopf und weiße Gestalt:
  Die Nacht des Subjekts 31
Das lärmende Imaginäre 49
Wege aus der Bilderhöhle:
  Das Aufklaffen der Immanenz 73
Die Zeitstruktur der Bilder 93
Literatur 103

Vorbemerkungen

Erstens
Die Menschen leben heute nicht in der Welt. Sie leben nicht einmal in der Sprache. Sie leben vielmehr in ihren Bildern, in den Bildern, die sie sich von der Welt, von sich selbst und von den anderen Menschen gemacht haben, die man ihnen von der Welt, von sich selbst und von den anderen Menschen gemacht hat. Und sie leben eher schlecht als recht in dieser imaginären Immanenz. Sie sterben daran. Es gibt beim Höchststand der Bildproduktion massive Störungen. Es gibt Bildstörungen, die das Leben in den Bildern und das Sterben daran enorm zweideutig werden lassen. Ein Zustand wie ›Lebend-Totsein‹, wie ›abgestorbenes Leben‹ breitet sich aus. Diese Unentscheidbarkeit, ob man noch lebendig oder schon gestorben ist, haftet den Bildern an, zumindest seit dem Zeitpunkt ihrer Referenzlosigkeit. Der Aufforderung, sie wie Intensivstationen der Erfahrung zu benutzen, kann nur vorübergehend entsprochen werden. Ein auf Dauer gestelltes Oszillieren ist schwer erträglich.
Also wäre es an der Zeit, aus der selbstproduzierten Bil-

derhöhle, die dabei ist, sich zu verschließen, auszubrechen. Das ist nicht einfach. Der Weg der Askese, gar des erneuerten Bilderverbotes, scheint nicht zugänglich zu sein. Er verbietet sich gewissermaßen von selbst, da im *Fin de siècle* eines Verbots des Verbots nichts verboten werden kann. Also wäre der entgegengesetzte Weg der übertriebenen Ekstase angezeigt. Man sucht den Ausgang durch die Bilder hindurch. Man sucht ein Jenseits der Bilder in den Bildern selbst aufzufinden. Da Bilder aber ›flach‹ sind, ist diese Suche nach Tiefe nicht ohne Kalamitäten, wobei allerdings die genannten Bildstörungen zu Hilfe kommen können. Die Übertreibung der Zweideutigkeit der Menschen als *living dead* läuft auf ein *imagekilling* hinaus, auf ein offensives Zerstückeln, Vervielfältigen und Funktionalisieren, auf ein Analysieren, ein Banalisieren, ein Canalisieren, welches ABC in der Tat viel Übung verlangt.

Der Ausbruch aus der Bilderhöhle, aus der Immanenz des Imaginären, sei er aggressiv, sei er reflexiv, hat noch eine andere Schwierigkeit auf sich. Die Rückseite der Bilder ist von Ungeheuern besetzt, und zwar für jeden Ausbrecher genau von denen, die ihm am meisten angst machen. Dem ist kein Allgemeinbegriff mehr gewachsen. Selbst raffinierteste Diskurse halten nicht stand. Die einzigen Widersacher der Monster, welche dem Traum der Vernunft entstammen und dem Regime einer Phantasie an der Macht unterstehen, sind Figuren, Figuren der Fiktion. Gegen das Imaginäre hilft nur die Einbildungskraft, und zwar eine der Figuren, Gestalten, Gesichter, welche dem einzelnen Menschen nicht gehören und nach dem Prinzip der Erzeugung zeugungsfähigen Lebens arbeiten. Wahrnehmung der Ungeheuer heißt deshalb umgekehrt Erfindung von Figuren, die auf der Bühne des Lebens ein lebenslängliches Spiel spielen. Das Szenario hat Erkenntniswert. Es ist keine weitere Domäne des Imaginären, sondern Anlaß für einen kritischen Umgang mit Bildern, der in keiner anderen Weise installiert werden kann.

Zweitens
Man braucht zwei Prämissen, um bei einer Bestimmung dessen durchzukommen, was ein Bild ist, was Bilder sind. Wir haben gegen die Todesangst nur die Chance, uns ein Bild zu machen. Deshalb haften an den Bildern die Wünsche nach Unsterblichkeit. Deshalb ist der Orbit des Imaginären ›auf ewig‹ eingestellt, und deshalb erleiden wir das Schicksal, als Lebende schon tot zu sein. Ein Versuch, zu entkommen, müßte die Bilder abtun, müßte einen Punkt jenseits des Bildes erreichen, von dem aus eine Rückkehr zur Unsterblichkeit nicht mehr möglich ist. Auch dieser Punkt ist zu erreichen. Die doppelte Prämisse ist ganz einfach: Als Bilder wären wir unsterblich, ohne Bild können wir – vielleicht – sterblich sein.

Aber die Folgerungen sind schwer, wegen der Asymmetrie und wegen der Rückkopplungen.

Das erste Bild entsteht aus Angst vor dem Tod, genauer: aus Angst, sterben zu müssen, ohne gelebt zu haben, lange vor Aufkommen des Bewußtseins. Es hat den Zweck, die Wunde zuzudecken, aus der wir stammen. Doch dieser Zweck ist uneinlösbar. Jede Deck-Erinnerung erinnert auch. Deshalb ist jedes Bild im Grunde ›sexuell‹, auch wenn es der Bewegung nach tief ›religiös‹ ist.

Mittels der Angst spielt das Bild die Hauptrolle bei der Ablenkung des menschlichen Begehrens. Es substituiert die erfahrene Gleichgültigkeit der Herkunft. Es steht an der Stelle des ersten Bösen. Es hält zunächst die Hoffnung aus, daß die Stimme der Mutter mitschwingt durch alle Ambivalenzen. Es dreht sich auch mit vom Sakralen zum Banalen. Denn das zweite Kapitel in der Bewältigung der Angst heißt Vervielfältigung. Das Bild soll in den Bildern verlorengehen. Es geht nicht. Die Täuschung nach zwei Seiten lautet: ›Wer das Bild wiederfindet, ist im Ursprung‹. Auch das ist verkehrt. Das Erste ist ein Zweites. Der Körper ist vor dem Bild (und dem Bewußtsein); ›Wer das Bild zerstört, hat die Angst verloren‹. Auch das ist verkehrt. Denn schon das Bild ist eine Strategie der Angst, erst recht die Bilder. Lust, die Ewigkeit will, geht auf Bilder, aber auch die Rache, die das, was sie nicht lieben kann, ins Imaginäre stößt, um es aus dem Leben zu verbannen. Sich ein Bild von einem Menschenkörper zu machen, heißt ihn unsterblich machen, heißt ihn einreihen in die Phalanx der lebendigen Toten, der Gespenster und Phantome. Das Bild, das an der Stelle der Wunde der Sterblichkeit steht, in Wunder und Zeichen zu verwandeln, die ewig sind, ist pure Illusion. Also wären die Lust im Irrtum und die Rache im Unklaren über das, was geschieht und getan wird? – Halbwegs.

Mit Bildern ist es weder möglich zu erinnern noch zu vergessen. An dieser Grenze wird unentwegt gearbeitet. Anders formuliert: Das Imaginäre ist jenes Vergessenwollen, das erinnert, und jenes Erinnernwollen, das vergißt. Zwar gilt: Je weniger Bilder (zugunsten des *einen* Bildes), desto mehr Erinnerung. Und: Je mehr Bilder, desto weniger Gedächtnis, aber die Differenz von Bild und Bildern verweist auf die Zweitrangigkeit des Ewigen. Erstrangig ist der sterbliche Körper. Das kann erfahren werden.

Das Bild, das an Stelle der Wunde steht, mußte erst selbst in eine Wunde verwandelt werden, damit der Ausgang aus dem Imaginären sichtbar werden konnte. Das geschieht nach dem Bilderverbot. Es gibt eine Stimme hinter dem Spiegel, der hinter dem Vorhang ist. Diese Stimme haben die Religionen der Bilderverbote gelöscht, genauer: zu löschen versucht. Ihre Konstruktion der Einheit zwang zur Abstoßung des Körpers, zur Ruinierung des Gesprächs, das wir sind, Sterbliche. Die Stimme ertönt jenseits von (verbotener) Lust und (erlaubter) Rache. Sie wiederholt einen einzigen Satz. Es ist die Stimme der Frau als Tochter: ›*Your ground is my body*‹. Der Satz ist die Quintessenz der Häresie seit einigen tausend Jahren.

Das Schwierigste ist zweifellos ein Dasein ohne Bild. Das sieht wie Wegsein aus, mag und kann sich jedenfalls nicht einreihen in die Inszenierungen des Lebens, die gang und gäbe sind. Sterblichkeit ist kein Programm und kein Projekt. Es – das Dasein ohne Bild – ist Scheitern, Verzicht, Insistenz auf Inkommensurabilität. Verankerung im Wort, im gehörten und gesprochenen Wort, das an der Grenze des Sinnlosen aufkommt, Verankerung in der Materialität der Stimme – nicht in dem, was sie sagt. Das erhöhte Risiko stammt daher, daß die Religionen des Bilderverbotes mit dem Sinn paktieren von Anfang an. Sterblichkeit aber heißt, einen anderen Ausgang aus dem Imaginären nehmen, als die Angst ihn erlaubt, Rückkehr in eine Realität, die nie war.

Drittens
Beim Nachdenken über die Arbeitsweise der künstlerischen Imagination ist folgendes herausgekommen: Die ›Produkte‹ unterstehen nicht der Macht des ›Produzenten‹; sie führen ein ›Eigenleben‹. Man muß deshalb bezweifeln, ob der Künstler hier wirklich Erfinder ist; es darf aber als gewiß gelten, daß die Geschöpfe der Phantasie weder dem Willen noch der Vernunft des Autors folgen. Im Verhältnis von ›Produzent‹ und ›Produkt‹ interveniert ein Moment von Unberechenbarkeit. Man kann es am Schicksal der ersten Schöpfung studieren, an dem Problem, das Gott selbst mit seinem Geschöpf hatte, mit dem Menschen.

So ist es – *cum grano salis* – auch mit den Bildern, die ein Mensch sich ›macht‹, sei es im Traum, sei es in Wirklichkeit. An ihnen haftet gewissermaßen jene ›übermenschliche‹ Einbildungskraft, die schon bei der Erschaffung der Welt und des Menschen mächtig war. Und ihre Macht entgeht der Regulierungs- und Ordnungsmacht, welche die Menschen beim Bau der artifiziellen Welt selbst in Anschlag bringen. In Betracht der Phantasie ist der Mensch immer über sich selbst hinaus (oder unter sich selbst hinunter).

Ein solcher Erkenntnisgewinn verdankt sich Erfahrungen, die erst nach dem Aufhören des religiösen Ikonoklasmus, welcher Konfession auch immer, möglich geworden sind. Dementsprechend darf man weder die Intention noch die Verantwortung des Künstlers zu groß schreiben. Gerade bei gelungenen Artefakten muß man mit einer eigenen, abgelösten Geschichte rechnen. Die Bilder als ›Produkte‹ machen mit dem ›Produzenten‹, was sie wollen. Wer also Bildstörungen konstatiert, befindet sich am selbstverständlichen Anfang eines Denkens nach dem Bilderverbot. Das Verbot ließ immer nur zwei Möglichkeiten. Diese Zeit der Alternative ist vorbei. Man ist neuerdings in eine irreduzible Vielfalt der Modalitäten eingetreten.

Der ambitionierteste philosophische Versuch: Ästhetik und Ethik in eine plausible Relation zu bringen, stammt von Sören Kierkegaard. In *Entweder–Oder* hat er das Ästhetische und das Ethische im Sinne einer Alternative verklammert, d.h. auf eine gegenseitige Exklusivität gebracht und die bestimmende Reflexion auf die Seite der Ethik verlagert. Nicht zuletzt durch persönlich-biographische Erfahrungen sah sich der Verfasser aber gezwungen (vgl. *Furcht und Zittern*; *Die Wiederholung*), das Schema der Anordnung auszuweiten und eine Reihung in aufsteigender Linie von der Unmittelbarkeit zum Geist der Vermittlung vorzusehen: das Ästhetische, das Ethische, das Religiöse. Danach ist die Entzweiung nicht das letzte Wort des Denkens, vielmehr ›das Verschiedene‹, dem er die ›Stadien auf des Lebens Weg‹ widmet. Es ist letztlich diese irreduzible Vielfalt, in die eine gereihte Dreiheit mündet, der Schrecken allen Denkens, das damit auf die Wiederholung im Durchlaufen von Ketten und Schleifen angewiesen ist und zu keinem Ende mehr kommen kann.

Nietzsche hat – ohne Kierkegaard näher zu kennen – das

Prinzip der offenen Reihe, der Serie beibehalten, wenn er auch die Richtung umgekehrt sah: vom Religiösen über das Ethische zum Ästhetischen. Erst in dieser Richtung gelesen, ergibt sich (nach Nietzsches Zarathustra) im Gang der Geschichte eine Plausibilität: Zunächst war das Ästhetische, d.h. die menschliche Wahrnehmung religiös verbrämt, dann wurde sie philosophisch unter Ausschluß gesetzt (die Alternative gehört schon zur Notwehr eines Denkens, das an seine Ohnmacht stößt), schließlich kommt das Ästhetische in der Wahrnehmung des Vielfältigen zu sich selbst. – Wer also vom Ästhetischen handelt, muß seine Vorgeschichte im Denken und das Scheitern desselben einbeziehen: Die Zuspitzung in der Geschichte des Geistes zeigt schließlich die Unzerstörbarkeit des Körpers in der Wahrnehmung der sinnlichen Vielfalt der Welt.

Viertens
Es folgen fünf Texte, die sich verschiedenen Anlässen verdanken. Alle Anlässe aber haben mit der ›Vierung‹ von Körper, Bild, Zeit, Sprache zu tun, die gegenwärtig das Nachdenken herausfordert. Das Menschenwerk, das aus den Anstrengungen, eine künstliche Welt anstelle der natürlichen zu erschaffen, resultiert, ist streng nach dem Muster des Kreuzes gegliedert. Wer einen Zugang sucht, muß in den Zusammenhang eintreten, der sich im Durcharbeiten ergibt; ein Geviert über Kreuz, das vom Körper zum Bild, vom Bild in die Zeit, von der Zeit zur Sprache und von dort wieder zurück zum Körper reicht.

Man tut deshalb gut daran, verschiedene Textsorten auszuprobieren. Körperdenken ist nicht Bildmeditation, Bildmeditation macht etwas anderes als der Versuch, der Zeit zu folgen. Und die Folgsamkeit der Zeit gegenüber ist eine andere Art des Nachdenkens als die sprachliche Erkundung des Horizonts der Sprache. Erst recht ergeben die Mischformen experimentelle Situationen *en masse*, die nicht auf konventionelle Weise bestanden werden können.

Beim ersten und fünften Text handelt es sich um Schriftstücke, die Vorträgen zugrundegelegen haben, ausformuliert von Anfang an. Beim zweiten und vierten Text dreht sich die Mühe um nachträglich überarbeitete, weitgehend frei gehaltene Vorträge, die mit den Ohren der Zuhörer Suchbewegungen unternahmen. Der dritte Text ist ein Brief, der Wissen und Nichtwissen in einen anderen Durchschnitt bringt, also nicht nur zeigen und bezeichnen, sondern auch erläutern will. Die Überarbeitung der Texte erhielt die hauptsächlichen Impulse während eines Gastsemesters an der Staatlichen Hochschule für Gestaltung Karlsruhe. Alle Texte kommen darin überein, den Stellenwert der Bilder im Haushalt des menschlichen Begehrens klären zu wollen, entschiedener und nachdrücklicher, als es bislang möglich war.

Die Texte sind datiert und auf Orte bezogen, von denen sie sich abstoßen: anlaßbedingtes, aber nicht anlaßhöriges Sprechen und Schreiben. Sie haben wahrlich mit Sternstellungen, mit Konstellationen zu tun, die erst bei ihrer Thematisierung aufgetaucht sind, jedenfalls in ganzer Reichweite. Was sich – immer drängender – konstelliert, ist eine ›irgendwie‹ selbstgemachte Problematik, die aus angestrebter, aber gescheiterter Herrschaft mittels der Bilder stammt. Der Rückschlag der Bilder gegen ihren Gebrauch zur Macht ist nicht einfach verkehrt, sondern doppelt. Die Geschichte hat ihre eigene Grundlage erodiert. Nun steht man zwar im Freien, aber ohne Boden. Eine seismische Katastrophe mit unabsehbaren Folgen hat stattgefunden. Man ist gezwungen, sich im Haltlosen zu halten. ›Wo es war, muß ich werden, aber im Abgrund der Sprache.‹ Denken heißt arbeiten im Bodenlosen.

Die Leiden der Augen

Ich beginne logischerweise beim Chaos. Das ist das Natürlichste. Ich bin dabei ruhig, weil ich fürs erste selber Chaos sein darf. Das ist die mütterliche Hand. Vor der weißen Fläche aber stand ich oft zitternd und zagend. Doch gab ich mir dann den bewußten Ruck und zwängte mich in die Enge linearer Vorstellungen.
Paul Klee: Tagebücher 1898–1918, Stuttgart 1988

Es folgen einige Gedanken zu einer Gegengeschichte des produzierenden und kontrollierenden Blicks. In Rücksicht auf die Grenzen des Sehens gibt es nicht nur die seit Kant und Swedenborg bekannte Dichotomie von methodischer Beobachtung und hingerissener Vision, sondern von Anfang an eine unterschwellige Passionsgeschichte der Augen, die im ›Zwischen‹ von Raum und Fläche spielt. Zwischen dem ›Chaos‹ und der ›Enge linearer Vorstellungen‹ geschieht so viel: erlittene Täuschungen, Sehzwänge, Blendungen bis zur horrenden Unfähigkeit, überhaupt zu sehen, so daß Aufmerksamkeit angebracht wäre. Vermutlich ist es der Ort, an dem – angesichts der gesteigerten Perfektionierungen des Blicks bis zur Sehmaschine – ein letzter menschlicher Stolz aufkeimen könnte, selbst für den Fall, daß die helfende Hand der Mutter ausbleibt. Wenn die Leiden der Augen unvermeidlich sind, sollten sie in Strategien verwandelt werden. Nach dem Golfkrieg hat eine amerikanische Waffenfirma die eine Seite des Sehens lakonisch auf den Begriff gebracht: *first look, first kill*. Es wird Zeit, von der anderen Seite zu reden.

1. Die Leiden der Augen haben mit dem Zwielicht des Imaginären zu tun, das sich derzeit ausbreitet. Dieses Zwielicht stellt einen Komplex dar, ist analytisch nicht genau zu erfassen, widersteht jedem Urteil und jeder Entscheidung. Es taucht in den Prozessen des Sehens selbst auf und ist doch ein Ergebnis von weit her. Die Bilder sind den Menschen lebensnotwendig *und* tödlich; je lebensnotwendiger sie waren, desto tödlicher werden sie sein. Das ist nur eine Frage der Zeit. Offenbar schützen sie vor einem drohenden Verlust des Lebens, bevor überhaupt gelebt wurde. Ebenso klar ist, daß sie – als Bildschirme, Schutzschilde – zu einem tödlichen Gefängnis werden können, wenn sie überdauern. Was derart zeitlich für den einzelnen Menschen gilt, dem als Wesen, das zu früh geboren wird, die genannte Schirm-Hilfe zukommt, gilt, *cum grano salis*, auch historisch für die Menschen insgesamt. In der Ausbreitung des Zwielichts ist heute der Punkt erreicht, an dem eine eingeübte, lebensrettende Strategie ihre Kehrseite zeigt: Zwänge, Zumutungen, Opferansprüche. Das Imaginäre ist geschichtlich ausgereizt. Das Spiegelstadium führt von nun an einen Tod im Schilde. Man sollte es und mit ihm den gesamten faulen Zau-

ber gespiegelter Identitäten und verkrampfter Einheiten verlassen.

2. Es ist übrigens nur noch wenig zu sehen, was zu sehen sich lohnt. Das Versprechen, ein Nie-Gesehenes sehen zu dürfen, gehört schon lange auf den Jahrmarkt und ist selbst dort verstummt. Kaum ein Mensch vermag sich heute noch an die Devise der Renaissance zu halten, daß einzig die Augen für das Elend der Existenz entschädigen (Leonardo: ›Dem Auge ist's zu danken, daß sich die Seele mit dem menschlichen Kerker zufrieden gibt, der ihr ohne Auge zur Qual würde‹). Im Zuge dieser historischen Enttäuschung entfallen nach und nach die Künste des Sehens, sowohl jene eines unwillkürlichen Begehrens, wie sie herkömmlicherweise als Träume, Visionen, Halluzinationen bezeichnet wurden, als auch diese einer willkürlichen visuellen Wahrnehmung, vom detektivischen Blick bis zur mehrfach gefilterten wissenschaftlichen Beobachtung. Ob nun durch Bildüberflutung oder durch die Beschleunigung des Erscheinens und Verschwindens der Dinge, die Augen kommen nicht mit. Die Einbildungskraft, im Mittelalter noch pure Passion, in der Neuzeit umgekehrt Hauptaktivität eines Subjekts mit leuchtenden Augen, versinkt wiederum in Leiden. Der Augapfel der Raumgenossen ist stumpfsinnig geworden. Fast alles geht durch ihn hindurch, er hält nichts mehr an oder auf. Die Welt als Kugel, die ihm entspricht, entkoppelt sich dem Sehen. So bleibt das Ereignis, auf das alles ankäme, aus. Das ist insofern mißlich, als das, was heute wirklich der Fall ist, für unaussprechlich gelten muß und sich nur zeigen kann.

3. Die Neuzeit seit Leonardo da Vinci ist das Spiegelstadium der Menschheit. Sie hat ihre Erfahrungen auf Flächen abgebildet und wahrscheinlich wegen des Machtzuwachses eine hochartifizielle Aufteilung der Welt in Realität und Bild für natürlich gehalten. Indem aber dieser Effekt eines Willens zerfällt, geht eine fundamentale Orientierung verloren. Die Welt als Bild mit der fein säuberlichen Unterscheidung von Bezeichnetem und Bezeichnendem löst sich in einer Katastrophe des Sinns auf. Das bringt den Augen, auf die in dieser Sache fast alle Hoffnungen gesetzt wurde, neuartige Schmerzen. Wenn das Entscheidende sich nämlich nicht mehr sehen läßt, wenn es sich im Verhältnis von Sichtbarkeit und Unsichtbarkeit auf der Jenseite abspielt, dann kommt alle Anstrengung, die auf Beobachtung setzt, zu kurz. Die eingespielte Untrüglichkeit der Augenkontrolle hat dem Triumph der Simulation Platz gemacht. Lug und Trug, älteste Götter, herrschen wieder. Der oberste Grundsatz methodologischer Erkenntnis in der Neuzeit, weder andere noch sich selbst zu täuschen, scheitert rettungslos am Entzug des Fundaments. Täuschung ist unvermeidlich, weil das Entscheidende heute unsichtbar ist. Aber es ist nicht wie früher das Dunkle, das Drohende, die Gefahr aus der Finsternis. Das Unsichtbare ist das Transparente, das mit dem Licht seit Jahrhunderten zugenommen hat.

4. Ist also die Urszene, das, worauf beim Sehen alles ankäme, eine Fata Morgana? Reflektiert sich darin der suchende und forschende Blick und nichts anderes? Ist der Versuch, sich selbst als Ereignis zuvorzukommen, wie

er das Unternehmen eurozentristischer Selbstbegegnung kennzeichnet, gescheitert? Solche Fragen müssen wohl mit Ja beantwortet werden. Nach Freud ist die Urszene das Motiv noch jeder Forschung überhaupt, nämlich herausfinden zu wollen, was vor der Zeugung und der Empfängnis der Forschenden eigentlich war. Ein solcher Nebensinn von ›Wo es war, soll ich werden‹ ist unerwartet, aber hilfreich. Die Urszene, das Ereignis oder Eräugnis schlechthin, kann nur als Schattenriß des Blicks stattfinden, der von außen darauf gerichtet ist. Ein Rendezvous mit dem Realen aber kommt nicht zustande. Die nackte Wahrheit lautet: *tat vam asi*. Auch das bist du. Das Ergebnis ist immer das Selbe, nie das Andere. Im Imaginären gibt es das Andere, den Anderen nicht. Hier läßt sich bestenfalls entdecken, daß Spiegel Spiegel sind und keine Fenster. Der Satz, daß die Wahrheit ein Weib ist, wie Nietzsche gegen seinesgleichen markierte, wäre nur die halbe Wahrheit. Die ganze lautet: Das Weib ist ein Spiegel des Selben, in dem das Begehren zu wissen unschwer sich selbst wiedererkennt. Anstelle dessen, was zu sehen einzig sich lohnen würde, herrscht in Reflexion und Analyse eine Phantasie.

5. Was sah der blinde Seher Teiresias, bevor er blind wurde? Die Alten hatten die folgende Geschichte parat: Er habe die Göttin Hera, Gemahlin des Zeus und die Mutter der Göttersöhne, beim Liebesspiel gesehen und er habe dieses Eräugnis nicht für sich behalten können, sondern bei einer Wette, welches der Geschlechter wollüstiger sei, das männliche oder das weibliche, auf das weibliche gesetzt und

sein Wissen verraten, denn – so Teiresias – er habe es gesehen. Seitdem sind Seher blind. Das, was sie blendet, ist das unübertreffliche göttliche Genießen der Frau, beziehungsweise der Umstand, es entdeckt zu haben. Aber Seher werden nicht nur geblendet, sie kommen dadurch zum wirklichen Sehen. Die Leiden haben unter Umständen ein zeitgemäßes Nachspiel in der Vision mit geschlossenen Augen. Die Einsicht, wo sie durchkommt durch die Selbsttäuschung, kann vom Anderen Ort und Zeit wissen, auch für die Zukunft. Im Äußersten der leidenden Augen gibt es Untrüglichkeit, aber dann ohne sie, augenlos. Jacques Lacan hat auf die Frage: Was will das Weib? geantwortet: ›jouissance‹, ein intensives Genießen ohne Referenz, erfüllte Zeit, restlose Gegenwart – eine Antwort, die nicht ohne Blendung zu haben ist.

6. Es gibt noch eine andere Geschichte über die Grenzen des Sehens: die Geschichte von Artemis und Aktaion, vom Jäger, der zufällig Zeuge des Bades der Göttin und darauf von ihren Hunden zerstückelt wird. Das ist nicht die Geschichte des Voyeurs, der immer damit rechnet, entdeckt zu werden, sondern die eines Mannes, der auf der Jagd nach dem Wild aus der Spur der Normalität geworfen wird. ›Objekt des Begehrens im gewöhnlichen Sinne‹, schreibt Lacan, ›ist entweder eine Phantasie ... oder eine Täuschung.‹ Aktaion touchiert aus Versehen das Reale und wird aus einem Individuum in ein Dividuum zurückverwandelt. An ihm, der keine Zeit hat für Reflexionen, wird das kommende Schicksal des Spiegels deutlich, nämlich Zersplitterung. Die

Göttin im Bade, Muster für die archaische Verbundenheit von Blick und Geschlecht, zerstört das spiegelnde Medium, das ein zufälliger Mensch darstellt. Wenn die Götter sich in der Einbildungskraft der Menschen spiegeln, splittern die Spiegel in tausend Stücke. Was bleibt, ist eine unerträgliche Alternative: Entweder erneut, wie vor dem Spiegelstadium, die Disparatheit der Körperteile oder die Blindheit des blindgewordenen Spiegels, der nichts mehr reflektiert.

7. Die Funktion des Bildes bezieht sich auf den mütterlichen Blick, der wie alle anderen, die von außen kommen, böse ist. Das Bild ist Schutzschild und erhobene Grenze zu einer gleichgültig grausamen Mutter, die das Leben gab, um es wieder zu nehmen. Bei diesem Drama kommt es zur Opposition von Fläche und Raum, von Bildschirm und nicht mehr bergendem Schoß. Die Spannung haftet für immer den Bildern an: einerseits erste menschliche Tat, in der Abgrenzung von der Herkunft zu sein, andererseits Folie, die eher schlecht als recht die Lebensgefahr, die Todesgefahr abschirmt. Insofern besagt die einfache Tatsache, daß es ein Bild gibt, konfrontiert mit dem Betrachter, mehr übers Sehen als das, was auf den Bildern zu sehen ist. Von daher kann Roland Barthes das Bild der Mutter so akzentuieren, daß die Mutter als Bild gegenwärtig bleibt. Die ältesten griechischen Sagen, die eine Transformation des Chaos in lineare Vorstellungen mittels blitzender Spiegel (Gorgo, Medusa) vollziehen, und der Nullpunkt der Literatur kommen dahin überein, daß das Jenseits der Fläche, der Leinwand, des Papiers der Mutterschoß der Geburten ist, Ort

der Fertilität, Raum im Raum, Körper im Körper, Wurzel, Geflecht, Labyrinth. Wird diese Rückseite der Spiegel, die immerhin noch lange mit dem Teufel assoziiert wurde, abgetrennt, gehen die Menschen in den Bildern verloren und sind auch sprachlich unerreichbar geworden.

8. Der Übergang der menschlichen Erfahrung aus dem Spiegelstadium in das Labyrinth der Sprache beginnt mit der Wahrnehmung der Monster. Was der Traum der Vernunft produziert hat, ist eine Welt der Phantome. Die zweite Schöpfung als Ersatz der ersten, die den Tod bereithält, läuft auf lauter unsterbliche, todesunfähige Gebilde hinaus. Die Stereotypie solcher Gestalten bildet den Fundus eines universalen Theaters der Erinnerung, das man leichthin Kultur nennt. Deren Status ist von Anbeginn unklar. Er ließe sich nur in einer Dämonologie hinreichend erörtern. Denn wie die Ungeheuer der ersten Art einer Ordnung der Hölle angehören, in der die Erde Rache nimmt für die Hinterlist der Vernunft, so passen die Ungeheuer der zweiten Art, Produkte der menschlichen Einbildungskraft, die sich als träumende Vernunft mächtig ins Zeug gelegt hat, in eine transparente, schier himmlische Struktur. Der Mensch als Bild Gottes macht Bilder, die ihm gleichen, lauter Spiegel, die bestenfalls sein Antlitz zurückwerfen, zumeist aber ein Zerrbild des Selben und sonst nichts. Das aktuelle Bewußtsein, insbesondere das wissenschaftlich aufgeklärte, ist von solchen Phantomen geradezu umstellt. Darin zeigt sich der Bruch des kontrollierenden Blicks, eine Verblendung, die jegliche Erfahrung unterbindet und ohne Verrücktheit nicht mehr wahrgenommen werden kann.

9. Die Entfesselung der Einbildungskraft im 20. Jahrhundert macht zugleich deutlich, was sie – gefesselt – produziert hat: die Grundlage einer menschlichen Welt im *sensus communis* der Sichtbarkeit. Durch die ekstatische Selbstreferenz der Zeichen auf der Bildfläche geht nicht nur die Herrschaft verloren, sondern auch die Bildfläche, auf die solche Herrschaft angewiesen ist. Die kürzer werdende Funktionsdauer der Bildträger macht sinnfällig, was *à la longue* sich vollzieht: die Erosion der Gründe. Der Austritt aus dem Spiegelstadium der Menschheit findet also auch unwillentlich statt. Es ist die vermeintliche Macht über das Imaginäre, an der das Marode nun auffällt. Ein Nihilismus der Transparenz läßt sich nicht aufhalten oder gar zur Vernunft bringen. Die Menschen sind zwar gelegentlich im Bilde, aber noch nicht auf der Welt. Dauerhaft werden sie sich nicht zufriedengeben mit den Phantomen. Das aktuelle Stillhalteabkommen zwischen der enttäuschten Selbstsuche und der Explosion der Medien wird aufgekündigt werden. Insofern sind Gedanken für eine postmediale Ästhetik nötig. Ein allfälliger Introitus wäre die nicht visuelle Wahrnehmung des Anderen und der Zeit als eines Gegenlagers der Bildproduktion. Eine neue Epoche des Hörens ist angesagt. Die Totalität der Sinne ist nicht theoretisch umfassend zu halten, wohl aber im bejahten Fragment.

10. Der weithin obsessive Traum der Vernunft von der Unsterblichkeit kann heute als die Hauptquelle für den Haß auf das, was ist, was sterblich ist, denunziert werden. Schon deshalb bedarf es des Aufwachens. Gegen den Triumph des

Lichts geht es um eine Rehabilitierung des Zwielichts, der Schattenrisse des *clair-obscur*, um eine durchgeführte Logik der Desillusionierung. Dabei bekommt man es zunächst wieder mit der Notwendigkeit zu tun, zwischen Visionen und Beobachtungen wählen zu müssen. Aber beides steht zur Disposition. Es ist die gewohnte Richtung des Abschieds vom Gegebenen, die fürderhin den Tod nach sich zieht. Die Transgression aus dem Gefängnis der Bilder führt nicht zurück in irgendein abgeschirmtes Reales. Das Imaginäre kann nur in Richtung der Sprache verlassen werden, promoviert durch ein Denken, das sich des Anderen und der Zeit bedürftig weiß. Alles, was sich heute noch bewegt, läuft auf eine Grenze zu, an der die Menschen wissen werden, warum das Entscheidende nicht gewußt werden kann. Es bleibt das Ereignis, das ausbleibt. Wer zum zweiten Mal vom Baum der Erkenntnis ißt, kann auf das Essen vom Baum des Lebens endlich verzichten.

Akademie der Künste, Berlin, 11.7.1991

**Blutiger Kopf und weiße Gestalt:
Die Nacht des Subjekts**

Einer der zur 3. Sommerakademie für Film und Medien in Berlin eingeladenen Kameramänner sagte auf entsprechende Fragen nach der Herkunft der Bilder: ›Sie kommen aus der Dunkelheit.‹ Die Fragesteller waren es zufrieden und beschäftigten sich weiter mit den Bildern. Was aber die Dunkelheit ist, wissen wir nicht. Wir wissen wenig von der Gegenseite des Lichtes, weil Wissen selbst eine Weise des Lichtes ist. Dennoch kommen wir nicht umhin, nach der Dunkelheit zu fragen, nach dem notwendigen Zusammenhang von Licht und Finsternis, um wenigstens den Schatten, den das aufklärende Licht selbst hinterläßt, zu bemerken. Ich versuche das im folgenden mittels zweier Zitate und einiger Thesen. Das Ziel ist die Rückseite der Spiegel, die Jen-Seite der Bilder, um ein wenig mehr zu wissen vom Abgrund, aus dem das Sichtbare stammt.

Die beiden Zitate, eins von Hegel und eins von Bataille, scheinen irgendwie aneinander anzuknüpfen und sagen etwas sehr Seltsames. Der Erstgenannte, also Hegel, nimmt

Abschied von der Voraussetzung des Denkens; er löst gewissermaßen die Bedingung in den Prozeß auf, und der andere, nämlich Georges Bataille, gibt zu bedenken, daß es im Grunde etwas Unauflösliches gibt: Das ist die menschliche Intimität. Hegel denkt in Richtung der Aufhebung der Differenzen, Bataille markiert eine nicht-logische Differenz als etwas, das nicht weggedacht werden kann. Hegel glaubt, daß das Licht mit der Finsternis fertig wird. Bataille weiß, daß jede Vermehrung des Lichts die Schatten vergrößert. Der eigenartige Passus aus der frühen Hegel'schen Philosophie, Jenaer Realphilosophie 1805/1806, lautet in einer Mitschrift:

›Im Anschauen ist der Geist das Bild. [...] Dies Bild gehört ihm an, seinem einfachen Selbst; aber das Einfache hat keinen Unterschied, so auch hier. Es ist in ihm als Ununterschiedenem. Er ist im Besitz desselben, er ist Herr darüber. Es ist in seinem Schatze aufbewahrt, in seiner Nacht. Es ist bewußtlos, das heißt ohne als Gegenstand vor die Vorstellung herausgestellt zu sein. Der Mensch ist diese Nacht, dies leere Nichts, das alles in ihrer Einfachheit enthält, ein Reichtum unendlich vieler Vorstellungen, Bilder, deren keines ihm gerade einfällt oder die nicht als gegenwärtige sind. Dies ist die Nacht, das Innre der Natur, das hier existiert – reines Selbst. In phantasmagorischen Vorstellungen ist es ringsum Nacht; hier schießt dann ein blutiger Kopf, dort eine andere weiße Gestalt plötzlich hervor und verschwinden ebenso. Diese Nacht erblickt man, wenn man den Menschen ins Auge blickt –

in eine Nacht hinein, die furchtbar wird; es hängt die Nacht der Welt hier einem entgegen.‹

Hegels Sätze sind nah herangeschrieben an den Ursprung des Bildermachens. Dieser Ursprung: das bildlose Bild, ist das am weitesten entfernte Gegenteil der Philosophie und zugleich ihr bestes Teil. Der Kopf, der auftaucht und verschwindet, die weiße Gestalt, die einen verlöschenden Schatten hinterläßt, können seit der Französischen Revolution als Ur-Phantasien gelten, die die menschliche Zeit rhythmisieren.

Die Vermutung, daß die Nacht des Subjekts hinter den ›Augen der Kamera‹ liegt, bedarf der Überprüfung. Das soll in einer gestaffelten Anstrengung geschehen.

Hegels Sätze sind stark. Man muß durchaus nicht rätseln darüber, daß die Beispiele, die er gibt, ›hier schießt ein blutiger Kopf, dort eine andere weiße Gestalt plötzlich hervor und verschwinden ebenso‹, keine bloßen Einfälle sind, sondern Restbestände einer Vorgeschichte der Phantasie und des Imaginären. Beim blutigen Kopf handelt es sich zunächst um den Kopf des Königs, der in der Französischen Revolution abgeschlagen wurde. Die weiße Gestalt ist ein Nachhall der alten Erzählungen von der weißen Frau, von der weißen Dame, von der weißen Göttin, die im Grunde aller Opfer-Mythologien herumgeistert. Wer zu lesen versteht, kann die Geschichte des blutigen Kopfes und der anderen weißen Gestalt an einer Fülle von Exempeln der Literatur verifizieren, wobei der erstere wie ein fernes Echo der letzteren wirkt und so die Spannbreite von Mythos und Geschichte zusammenhält, bezeugend die Rache und die Gerechtigkeit, die zwischen Vorschrift und beschriebenem Ereignis waltet. Man denke zum Beispiel an Orpheus, der ja unentwegt sang und auch nicht aufhörte, als man ihm den Kopf abgeschlagen hatte, und der noch weitersang, als sein Kopf auf einem Fluß ins Meer und von dort nach Lesbos trieb, und der erst in einem Schrein, auf Intervention von Apollon, dann endlich den Mund gehalten hat. Man denke an Judith und Holofernes, an Salome und Jochanaan. Man denke aber auch an Filme der unmittelbaren Vergangenheit, in denen eine Vorliebe besteht, Köpfe vom Rumpf zu trennen und sie dann aufplatzen zu lassen.

Das hat Zwangscharakter und wirkt oft wie ein versuchter Schuldabtrag für verjährte Verbrechen, so als ob die weiße Frau, weiße Dame, weiße Göttin die blutleere Hülle des Medusen-, Gorgonenkörpers wäre, der über die Schrecken des abgeschlagenen Kopfes noch immer und immer mehr Macht über Täter und Verbrecher bekommt: das Damenopfer als Vorschrift und alle vom Rumpf gelösten Köpfe als Ereignisse einer unmöglichen Wiedergutmachung, strukturierend die großen europäischen Romane und die Dramen, erst recht die Opern.

Im nahen Kontext dazu erhebt sich die Frage nach der Nacht und nach der Bedingung der Nacht für das Bildermachen. Man muß sich also mit der Dunkelkammer, mit der *camera obscura* näher beschäftigen. Alles beginnt hier mit dem Höhlengleichnis. Platon ist ja nach Auffassung von Norbert Bolz der Erfinder des Kinos, jedenfalls der Grundsituation des Kinos, das er in eine Pädagogik einspannt. Ich darf erinnern: Sokrates erzählt seinem Gesprächspartner Glaukon, wie die Menschen natürlicherweise gefesselt sind, sowohl an ihren Schenkeln, daß sie nicht aufstehen und sich nicht bewegen, und an ihrem Kopf, damit sie nur in eine Richtung blicken können. Diese eine Richtung führt zur Wand, auf der Schatten geworfen werden von einem Geschehen, das der also gefesselte Sehende nicht begreift. Er macht sich aber seinen Reim darauf. Das Ganze funktioniert so, daß hinter den sitzend Gefesselten ein Feuer in der Höhle angezündet ist und daß zwischen Feuer und Wand, aber auch noch hinter den Sitzenden Gegenstände und Statuen vorbeigetragen werden. Die Menschen sind also ›natürlicherweise‹, wie immer wieder betont wird, nur in der Lage, diese Schatten zu sehen, Umrisse, Bilder von etwas, was selbst unsichtbar bleibt. Platon mutet dem Philosophen zu, daß er sich entfesselt und löst aus der Zwangslage der Natur, sowohl von der einen Richtung des Blicks als auch von den Fesseln, die ihm die Beine festhalten. Der Philosoph soll den Kopf zurückdrehen, aufstehen, sich bewegen und zunächst diese Situation begreifen, dann aber weitergehen und den Ausgang der Höhle finden, um dort, jenseits des Feuers, das wirkliche Licht, also die Sonne zu sehen, die eine große Metapher für das Gute und für Gott selbst ist.

Dieses Höhlengleichnis hat in der abendländischen Geschichte eine enorme Wirkung gehabt für das Selbstverständnis der Philosophen. Diese sind – wie man sagt – durch Selbstbefreiung aus der natürlichen Lage zum Begreifen des Mechanismus des Bildermachens gekommen, und sie haben auch das wahre Licht gesehen, hatten dann aber immer Schwierigkeiten mit der Rückkehr. Platon beschreibt das sehr eindringlich: Derjenige, der das Licht gesehen hat, kann sich nie mehr an die Dunkelheit gewöhnen und mit der ›natürlichen‹ Situation einverstanden erklären. Er muß zwar zurückkehren, um die Menschen daran zu erinnern, daß sie Bilder sehen statt der Dinge, und daß sie sich anstrengen müßten, eine andere als die natürliche Richtung einzuschlagen. Das führt zu einer Art Krieg: die Mehrheit der Sitzenden, Eingekeilten, natürlicherweise Gefesselten nimmt den Philosophen, den wahrhaft Sehenden, durch das Licht Erleuchteten zum Opfer ihrer Wut und bringt ihn wie einen ›leidenden Gerechten‹ in Lebensgefahr.

Das Höhlengleichnis hat nicht zuletzt deshalb derart gewirkt, weil die Philosophie selbst, weil das Denken überhaupt von daher als eine Form des ›Lichtens der Dunkelheit‹ angesehen worden ist. Der Philosoph als Lichtbringer, als Besorger der Evidenzen – ein solches Pathos war lange und intensiv attraktiv. Natürlich haben sich viele damit identifiziert, aber andere haben es auch kritisiert. Man hat es mit der einfachen Umkehrung versucht und die Philosophen auf die Bänke gesetzt, in die logischen Schraubstöcke ihrer Begriffe gefesselt, starrend auf die Wand der Ideen, unbeweglich in sitzender Haltung. Aber die umgekehrte Metapher ist es noch nicht, insofern sie an die Geschichte des abendländischen Denkens als eine Geschichte des fortschreitenden Lichtes zu Lasten einer zurückweichenden Dunkelheit nicht heranreicht.

Platons Gleichnis ist zutiefst religiös. Es hat gestaffelte

Allianzen mit den Lichtreligionen Asiens und Europas und kann – wenn überhaupt – nur zusammen mit dem urgnostischen Topos einer Verkehrung der Welt ausgehebelt werden. Der besagt, daß von Anfang an etwas verkehrt gemacht wurde bei der ersten Schöpfung und daß alles Heil mit dem Licht geht, das die Finsternis besiegt. Auch für das Christentum heißt das bis heute verbindliche Muster: Leben ist Licht. Zwar geht dem das Wort voraus, aber das erste Wort heißt dann: ›Es werde Licht!‹

›Im Anfang war das Wort / Und das Wort war bey Gott / Und Gott war das Wort. Das selbige war im Anfang bey Gott. Alle ding sind durch dasselbige gemacht / und on dasselbige ist nichts gemacht / was gemacht ist. In im war das Leben / und das Leben war das Liecht der Menschen / und das Liecht scheinet in der Finsternis / und die Finsternis habens nicht begriffen.‹
Anfang Johannes-Evangelium, Luther-Übersetzung

Alle Aufklärungsbewegungen haben sich immer wieder darauf berufen: Die Welt ist eigentlich verkehrt und verfinstert, das war von Anfang an so, aber das Licht ist gut, und mit dem Licht geht eine Wiederherstellung der Natur einher, die verdorben ist. Das alles ist in einem solchen Maße selbstverständlich, daß eine Verkehrung der Verkehrung fast nicht gelingen mag.

Die Versuche, sich auf die Gegenseite zu stellen, die Nacht zu affirmieren und das Licht zu kritisieren, bekommen zu tun mit der Geschichte der gefallenen Engel. Wie bekannt, heißt Luzifer ›Lichtträger‹, weshalb das Luziferische von den Anhängern als ein besseres Licht, ein strahlenderes, stärkeres Licht interpretiert wird. Luzifer, so sagen sie, strahlte heller als Gott selbst und ist deshalb in die Dunkelheit geworfen worden. Da sitzt er nun seit langer Zeit in absoluter Finsternis, manchmal fällt ein verlorener Strahl auf seine Geschmeide, dann blitzt es. Aber man kann von ihm sagen, er ist der traurige, melancholische Fürst der Finsternis.

Die im vorigen Jahrhundert mächtig werdenden Gegenbewegungen, die die Nacht stark zu machen versuchen, haben sich mit dieser Gestalt beschäftigen müssen. Ob man die *Hymnen an die Nacht* von Novalis liest oder Walter Benjamins hymnische Oden an die Melancholie des Satans, immer taucht dieses Gegenbild auf. Es hat eine seltsam ambivalente Bedeutung, so als ob der Effekt übertriebenen Lichtes zurückschlägt und die einfache Parteinahme für Finsternis, Dunkelheit, Schatten in ein verkapptes Plädoyer für das Licht verwandelt. In der ersten heftigen Orthodoxie im Christentum, also etwa um 300–400 n. Chr., ist des großen Origines' Vorschlag, auch den Teufel am Ende der Zeiten gerettet sein zu lassen, abgewehrt worden von der offiziellen Kirche: Das sei eine Häresie, der Teufel könne nicht gerettet werden; der hätte draußen zu bleiben in der Finsternis. Es hat also seine Schwierigkeiten mit dieser bloßen Umkehrung. Deshalb wollte ich mich hier für die Gleichzeitigkeit von Licht und Dunkel aussprechen, für das *clair-obscur* als des humanen Ortes schlechthin. Ich nehme an, daß es vor der europäischen Aufklärung eine Kultur dieses *clair-obscur* gegeben hat, also ein austariertes Verhältnis von Licht und Schatten, das immerzu der Sorge wert war. Beide Seiten hatten ihr Recht. Man versuchte, Dunkelheit und Helligkeit in ein produktives Verhältnis zu bringen, um die Kontraste zu erhöhen, aber auch, um das Diffuse nicht ganz außer acht lassen zu müssen. Erst seit der Aufklärung hat sich da etwas verschoben, ist eine Obsession mächtig geworden, die das Licht partout bevorzugt, was dann bis in die unmittelbare Gegenwart hinein zu einer permanenten Erhellung der Dunkelräume geführt hat, ohne daß bisher eine hinreichende Bilanz dieser Geschichte gezogen werden konnte. Denn vielleicht sieht es nur so aus, daß es heller wurde, möglicherweise hat die Aufklärung selbst einen neuen Schatten geworfen. Vielleicht ist das Verhältnis von Licht und Finsternis gar nicht so geartet, daß man sagen kann: Je mehr Licht, desto weniger Finsternis, sondern eher so, daß man wie der Volksmund genötigt ist zu sagen: Wo viel Licht ist, ist viel Schatten. Möglicherweise gibt es eine gegenseitige Steigerung. Vielleicht war es immer falsch anzunehmen, man könne das Maß des Lichtes ohne das Maß der Dunkelheit erhöhen.

Es ist mithin wirklich nicht einfach mit der Bestreitung der Richtungen, mit der Bevorzugung des Lichtes, mit der Bevorzugung der Nacht, mit der gleichzeitigen Bestreitung von Tag und Nacht, mit der gleichzeitigen Bevorzugung von Licht und Finsternis. Aber man muß wissen, wie eine neue Tarierung aussehen könnte. Sonst endet noch alles beim Grau. Immer, wenn ich ›Grau‹ höre, höre ich auch ›Grauen‹. Ich weiß nicht, ob das zusammengehört vom

Wort her. Es ist jedenfalls im Denken auf unbeliebige Weise assoziiert: das ›Morgengrauen‹ der Selbstmörder beim Morgengrau. Es gibt in der Dämmerung und an diesem *clair-obscur* offenbar auch eine negative Seite, die unvermeidlich ist, wenn man ein Jenseits und ein Diesseits der geläufigen Lichtobsessionen sucht. Marcel Duchamp hat das einmal so ausgedrückt: Man kommt nicht umhin, mit seinem Denken die grauen Zellen zu bedienen. Das sind jene, die in der Dunkelheit des Kopfes lichtstrahlmäßig arbeiten, aber für sich genommen unendlich grau sind.

Bei der Suche nach einer anderen Bezeugung der Nacht habe ich eine Passage von Georges Bataille gefunden, im *Verfemten Teil,* also in jenem ökonomiekritischen Werk, das sich im Nachschreiben einer Geschichte der bürgerlichen Gesellschaft gegen die rücksichtslose Verkopfung der Welt zur Wehr setzt. Am Ende des Buches steht dann der Kunstmythos vom *Acéphale,* des bewaffneten kopflosen Körpers, den Bataille für subversiv hielt. Diese Parteinahme gegen den Kopf und alles, was Haupt ist, gegen Kapitelle und Kapitalien, gegen Behauptungen, Hauptsächlichkeiten, Hauptstädte, Kapitale der Welt, überhaupt gegen das große ›Über-Haupt‹, das in den Reden der Bürger unentwegt beschworen wird – all das ist von Bataille zu einem differenzierten Mythos ausgebaut, aber eigenartigerweise Ende der 30er Jahre mit dem Ausbruch des 2. Weltkrieges fallengelassen worden.

In der Nachlese zu diesen Versuchen hat dann Bataille folgendes geschrieben:

›Die intime Welt verhält sich zur realen wie das Unmaß zum Maß, wie der Wahnsinn zur Vernunft, wie der Rausch zur Klarheit. Maß gibt es nur in bezug aufs Objekt, Vernunft nur in der Identität des Objekts mit sich selbst, Klarheit nur in der genauen Kenntnis der Objekte. Die Welt des Subjekts ist die Nacht, die erregende, unendlich suspekte Nacht, die, wenn die Vernunft schläft, Ungeheuer hervorbringt. Ich behaupte, daß sogar der Wahnsinn nur eine schwache Vorstellung von dem vermittelt, was das freie, überhaupt nicht der realen Ordnung unterworfene, nur vom Augenblick erfüllte Subjekt wäre. Das Subjekt verläßt seinen eigenen Bereich und unterwirft sich den Objekten der realen Ordnung, sobald es sich um die Zukunft kümmert. Das Subjekt ist die Verzehrung, soweit es nicht der Arbeit unterworfen ist. Die Verzehrung ist der Weg, auf dem die getrennten Wesen miteinander kommunizieren. Ich insistiere auf einer Grundtatsache: Die Trennung ist auf die reale Ordnung begrenzt. Nur wenn ich der Dinglichkeit verhaftet bleibe, ist die Trennung real. Sie ist in der Tat real, aber was real ist, ist äußerlich. In ihrer Intimität sind alle Menschen eins.‹

Es ist der Verlust der Intimität, der die Frage aufwirft, ob nicht das isolierte Individuum, das diese innere Welt des Zusammenhangs verliert zugunsten der äußerlichen Welt der Objekte, ob nicht dieses Individuum nach und nach selbst zu einer Art Sprengstoff wird? Nicht die Begriffe der Aufklärung, sondern die Bilder der Nacht stiften den Lebenszusammenhang. Es gibt – nach Bataille – keine Allgemeinbegriffe, die verbindlich im Wortsinne wären, wohl aber aus der Dunkelheit leuchtende Inbilder. Wer den dunklen Zusammenhang verliert, muß Rache üben, eine Rache für die Zumutung, abgerissen zu sein. Obwohl es eine andere Ahnung gibt, hat man in der rettungslosen und unabänderlichen Isolation zu leben. Vielleicht muß man den Weg des Wahnsinns wählen und den Weg in den Sprengstoff-Selbstmord. Bataille hat trotzdem darauf bestanden, daß man sich nicht um die Zukunft kümmert und sich nicht einschaltet in das kalkulierende Denken der Vorsorge, sondern sich im Augenblick maßlos verausgabt, um den Anschluß zu halten an die intime Welt. Er hat darauf insistiert, zeit seines Lebens, auch unter der Kautel des Mißverstandenwerdens. Man kann also dieses Verhältnis als ein Verhältnis von Realität und Intimität, von Selbsterhaltung und Selbstverschwendung, von intensivem und kalkulierendem Leben und Überleben verstehen und hat dann die Frage am Hals, ob nicht ohne das intensive Leben das kalkulierende Überleben zu einer Art Todesmaschinerie wird, die viel schlimmere Wirkungen nach sich zieht als das Unmaß, der Wahnsinn und der Rausch.

Wem die Bataille'sche Sprache wegen ihres gewollten Antagonismus nicht paßt, kann vielleicht etwas anfangen mit einer kleinen Passage, die Franz Kafka in der ihm eigenen Weise ganz undialektisch niedergeschrieben hat:

›Versunken in die Nacht. So wie man manchmal den Kopf senkt, um nachzudenken, so ganz versunken sein in die Nacht. Ringsum schlafen die Menschen. Eine kleine Schauspielerei, eine unschuldige Selbsttäuschung, daß sie in Häusern schlafen, in festen Betten, unter festem Dach, ausgestreckt oder geduckt auf Matratzen, in Tüchern, unter Decken, in Wirklichkeit haben sie sich zusammengefunden wie damals einmal und wie später in wüster Gegend, ein Lager im Freien, eine unübersehbare Zahl Menschen, ein Heer, ein Volk unter kaltem Himmel auf kalter Erde, hingeworfen, wo man früher stand, die Stirn auf den Arm gedrückt, das Gesicht gegen den Boden hin, ruhig atmend. Und du wachst, bist einer der Wächter, findest den nächsten durch Schwenken des brennenden Holzes aus dem Reisighaufen neben dir. Warum wachst du? Einer muß wachen, heißt es, einer muß da sein.‹

Kafka – wie immer unpathetisch, aber genau in der Beschreibung aktuellen Leidens – nimmt noch selbstverständlich die Nacht in Anspruch. Ich weiß nicht, was er gesagt hätte auf die Vermutung eines französischen Autors hin, daß es nun nie mehr Nacht wird, nie mehr Nacht werden könne (Gilles Deleuze). Vielleicht hätte er die neuentstandene Transparenz nicht unter dem Zeichen des Lichtes, sondern unter dem Zeichen der Finsternis gedeutet... dunkle Transparenz.

Abschließend komme ich zu den zehn Thesen, welche die Grenzen der Aufklärung im Dunkel der Medien konturieren. Ich gebe deshalb einen straffumrissenen Gedankengang.

1. Es gibt keine ›Meister des Lichtes‹, jedenfalls nicht im Sinne der europäischen Aufklärung, die mit dem Anspruch auf Herrschaft durch Licht das *clair-obscur* vernichtet hat.

2. Die Formel der Aufklärung: ›*devenir maître de la nature*‹, hat sich durch rückwirkende Zerstörung bewahrheitet, die jeden Sieg zur Niederlage macht.

3. Die Formel, die ihre Grenzen verkennt, lautet im Klartext: je mehr Wissen, desto mehr Nichtwissen; je mehr Macht, desto mehr Ohnmacht; je mehr Licht, desto mehr Schatten.

4. Verlichtung heißt Vernichtung. Die Medien als Lichtbringer sind – ihrer Haupttendenz nach – ein düsterer Effekt der Aufklärung, die sich verkennt.

5. Obzwar aus der Reflexion durch Licht entstanden, sind sie selbst unfähig zur Reflexion ihrer selbst und versinken nach und nach ins Dunkel.

6. Einzig das *clair-obscur*: die Dämmerung, das Zwielicht ist human. Dort gelingen Blicke wie zum ersten Mal. Erst wenn jemand wirklich spricht, wird es hell.

7. Licht ist auf Finsternis angewiesen, damit es leuchtet. Ohne Finsternis herrscht die bloße Transparenz, in der alle sichtbaren Dinge wieder unsichtbar werden.

8. Jeder, der in der Nacht arbeitet, weiß heute, daß der Blick des lichtbringenden Helden die Ungeheuer hervorgebracht hat. Die Materie selbst ist harmlos.

9. Licht und Finsternis, einander bedingend, gehören beide der Gravitation. Ohne Körperschwere in mühseliger Balance gibt es keine Einbildungskraft, keinen Sinn der Sinne.

10. Ein wahrer Meister des Lichtes muß deshalb bei der Dunkelheit in die Schule und bei der Schwere in die Lehre gehen. Dort mag er das Drama der Nacht verstehen.

Damit ist die Annahme genügend unterstrichen, daß das *clair-obscur*, die Dämmerung und das Zwielicht dem humanen Ort entsprechen und nicht die absolute Nacht und nicht das absolute Licht, und daß es nur in diesen Dämmerungen und in diesen Zwielichten möglich ist, sich nicht endgültig ans Sehen zu gewöhnen und nicht die perfekten Blicke auszubilden, die heute allenthalben kursieren, die Blicke, die immer schon verstanden haben, die nie eine Frage zulassen, diese Blicke, die lediglich einschwenken auf eine Gewohnheit und die nicht in der Lage sind, noch einmal wie zum ersten Mal zu sehen. Das gelingt nur in diesem mittleren Feld, und es sind dann auch nicht die Medien, die es hell werden lassen, sondern eine ihnen nachgehende, reflektierende Sprache. Das ist der Punkt, auf den man immer wieder zurückkommt: Wie sind Sprache und Bild aufeinander bezogen? Kann man das erlösende Wort für die Automatik des Lichtes noch finden? Oder ist man über Worte längst hinweg? Sind die Bilder so geartet, daß sie ihr Reich vollkommen besetzt halten? Ist es eine Art Totenreich, das dem lebendigen Sprechen nicht mehr zugänglich ist? Ist das Sprechen selbst noch lebendig? Gibt es da nicht auch sehr viel tote Masse, also Geschwätz und Geschwätz? Freud führt das Beispiel eines Jungen an, der vor lauter Angst in der Dunkelheit ruft: ›Wer ist da? Sprich bitte, damit es hell wird!‹ Er sagt nicht ›Mach das Licht an‹, sondern ›Sprich bitte, damit es hell wird‹.

Das reklamiert eine Erfahrung des Körpers, die von einem überschrittenen Punkt der Vergeistigung an undenkbar wird. Weshalb sie hier nur bezeugt werden kann für die Erinnerung und die Wiederholung von Menschen, die leben wollen. Leben ist nicht Licht, sondern die Bewegung aus der Dunkelheit. Ankommen hieße Gestorbensein. Licht ohne Finsternis ist immer tödlich. Ich schließe mit einem Zitat von Gilles Deleuze:

› Ich *muß* einen Körper haben, es ist eine moralische Notwendigkeit, eine »Forderung«. Und zu allererst muß ich einen Körper haben, weil es Dunkles in mir gibt. Der Geist ist dunkel, der Grund des Geistes ist trübe, und eben diese Trübheit erklärt und fordert einen Körper. Nennen wir unsere passive Macht oder die Begrenztheit unseres Handelns »Rohstoff«: wir sagen, daß unser Rohstoff Forderung nach Ausdehnung ist, aber auch nach Widerstand oder Antitypie und ebenso individuierte Forderung nach einem Körper, der uns gehört. Weil es

unendlich viele individuelle Monaden gibt, muß jede einzelne einen individuierten Körper haben, wobei dieser Körper der Schatten der anderen Monaden auf ihr ist. Es gibt kein Dunkel in uns, weil wir einen Körper haben, aber wir müssen einen Körper haben, weil Dunkel in uns ist.‹
Zitat bei Michael Onfray, Philosophie der Ekstase, Frankfurt/M. 1993, S. 94

Akademie der Künste, Berlin, 17.7.1992

Das lärmende Imaginäre

Berlin, Ende August 1993

Liebe Solveig,

wie versprochen, versuche ich hiermit einige Erläuterungen zu dem kurzen Text zu geben, den ich im Frühjahr dieses Jahres, am 19.2.1993, über Jan Fabres Arbeit geschrieben habe. Das war nach einem Besuch des Stücks *The Sound of One Hand Clapping* in Frankfurt, bei dem ein Rendezvous mißlang und ich, aufgeregt und dünnhäutig, der Gewalt des ›großen Theaters‹ ausgesetzt war. Ich gebe zu, daß der Text aus einer gewissen Rachsucht entstanden ist. Deshalb enthält er soviele verkapselte und verkürzte Formeln, lapidare Sätze, entgegengehalten der inszenierten Welt auf der Bühne; Definitionen insofern, als ich Grenzen markieren wollte, Ab-Grenzungen, Demarkationslinien. Überhaupt darfst Du Dir denken, daß der Text wie ein Flüstern wirken sollte: beruhigend, um einen Kopf herum, dem wieder einmal Hören und Sehen vergangen war, wobei dann das eigene lautlose Sprechen als zunächst ohnmächtige Gegenwehr begonnen hatte. Gegenwehr nicht gegen Jan Fabre, sondern gegen das Selbe, gegen das auch Jan Fabre kämpft, Bild um Bild, Szene um Szene, Theater um Theater. Ich meine ›das lärmende Imaginäre‹, das mich als Rückseite der Einbildungskraft seit 1986 interessiert. Damit bin ich beim Text. Der besteht aus zehn thesenartigen Absätzen, die ich der Einfachheit halber nun numeriere. So kannst Du sehen, daß auch die Thesen – wie ihr Sujet – symmetrisch gebaut sind, in zweimal fünf Teilen, mit einem Spiegel inmitten, durch den man hindurch muß, und daß nur im zweiten und neunten Absatz von Jan Fabre direkt die Rede ist, von dem, was er macht mit seiner Kunst, und von dem, was er erreicht. Ich beziehe mich übrigens implizit mehrfach auf Franz Kafka und Jacques Lacan, auch explizit, darüber hinaus auf das gesamte Arsenal meiner nun schon jahrelang unternommenen Essays: Zu begreifen, was man fühlt, wenn man fühlt, was man hört, wenn man hört, was man sieht, wenn man sieht, was man denkt, wenn man denkt. So hast Du zugleich einen guten Eindruck von der Front, an der ich mich abmühe. Ich bin nämlich fest davon überzeugt, daß man sich von dem, was in und mit den Sinnen geschieht, nur krude Vorstellungen macht und ein Durchblick, ein Gespür, ein Begriff noch längst nicht möglich ist. In bezug auf das ›Selbstverständliche‹, auf das, was unsere Körper, Seelen und Geister tagtäglich und nachtnächtlich leisten, sind wir alle Anfänger. Was für ein Glück, einerseits. Andererseits ist es schon so, daß Krieg herrscht in der Welt der Gedanken, so daß auch mein Denken ohne Gegengewalt nicht auskommt. Was für ein langwirkendes Verhängnis.

Ich gehe jetzt zu den Details der kurzen, kapselartigen

Flüster-Sätze und nehme sie nacheinander erläuternd in die Zange. Es mag aber sein, daß weiterhin einige verschlossen bleiben.

1. Das Imaginäre ist derzeit der mächtigste Gegner derer, die leben wollen. Es hat alle Throne und Herrschaften besetzt. Es feiert den Geist des Binären. Es bietet keine Spielräume mehr für Körper auf Zeit.

Das ›Imaginäre‹ ist hier der Sammelname für die gestorbenen Träume der Menschheit, für die verwesenden Artefakte der Einbildungskraft, für die Überbleibsel alles dessen, was man sich vorgestellt, was man hergestellt, was man ausgestellt hat, für die Enttäuschungen einer utopisch hochgespannten Politik, die abgewirtschafteten Bestandteile der Techno-Imagination und die leeren Formen der Philosophie und der Kunst – mit einem Wort: für den gesamten Schrott der menschlichen Geschichte, der keineswegs verschwunden ist, sondern sich wie ein undurchdringlicher Schirm um den Globus gelegt hat. Von einem bestimmten Zeitpunkt der Installierung dieser künstlichen Welt an gibt es gewissermaßen kein Außen und nichts anderes mehr. Selbst die Reste jener vielen Ausbruchversuche, in irgendein sagenhaftes Jenseits zu entkommen, kreisen längst am Himmel und verdichten den Panzer, der aufgesprengt werden sollte, zu einer unausweichlichen Wolke. Das ist die ›Immanenz des Imaginären‹, die inzwischen mit Gewalt auf die Erde zurückwirkt. Und was für die Menschheit insgesamt gilt, muß man auch für die einzelnen Menschen in Anschlag bringen. Jeder ist eingesponnen und abgeschirmt. Fast jeder steckt im Gefängnis der Bilder, die er sich machte oder die man ihm machte, unter dem Druck eines institutionellen Nachhilfeunterrichts in Identität. Franz Kafka nannte es ›die Logik‹. Am Ende des Romans *Der Prozeß* läßt er den zum Tode Verurteilten, der sich vergeblich angestrengt hat und nun nicht mehr leben will, diesen Gedanken denken: ›Die Logik ist zwar unerschütterlich, aber einem Menschen, der leben will, widersteht sie nicht.‹ Die Logik ist unerschütterlich wie das Firmament. Sie hat an der Stelle der Engel Platz genommen und genießt quasi göttliche Ehren. In der alten Welt des alten Gottes waren die Engel Boten der Hoffnung. In unserer Welt ist jeder Engel schrecklich, weil er darüber wacht, daß Bewegungen nur noch nach dem Klappmechanismus eines Entweder–Oder, eines Ja–Nein, eines ›es fließt‹–›es fließt nicht‹ funktionieren. Das ist die Bewegung des toten Geistes, der sich auf Buchseiten und Bildschirmen zurechtfindet, aber nicht im Leben. Körper auf Zeit – das sind sterbliche Körper – brauchen demgegenüber Spielräume, die zumindest drei, besser vier oder fünf Dimensionen haben. Leben, auch menschliches, ist nur unter der Bedingung möglich, daß es mehrere Gegenteile gibt. Die Logik dagegen besteht im Geist des Binären, der auf eine verhängnisvolle Weise unsterblich ist. Was also im ersten Absatz gegeneinanderüber steht, ist das Imaginäre, sprich die Logik, sprich der unsterbliche, aber tote Geist und der sterbliche Körper, der leben will (und deshalb auch zu sterben bereit ist), sprich die drei-, vier-, fünfdimensionale körperliche Einbildungskraft, sprich ein Mensch, der anfangen und aufhören kann.

2. Nachdem die symbolische Ordnung der Welt abgebaut ist, löst Jan Fabre die Ordnung des Imaginären auf, allein durch extreme Beweise ihres Funktionierens. Er führt vor, was aufzuhören begonnen hat.

Mein erster nachhaltiger Eindruck von Jan Fabre war eine Szene in einem Fernsehfeature. Er sprang vom Zuschauerraum auf die Bühne, um eine Korrektur beim *corps de ballet* anzubringen. Er sprang wie einer, der leben will. Daran konnte ich ihn erkennen. Und doch habe ich erst später, nachdem ich vieles gesehen und wenig verstanden hatte, begriffen, daß Jan Fabre nicht zu denen gehört, die ausbrechen und überschreiten wollen. Wie soll man ein Gefängnis aus Bildern öffnen? Wie soll man einer ubiquitären Wolke entgehen? Das auf den Menschen, seinen Kopf zurückwirkende Ausgedachte muß abgebaut und aufgelöst werden. Das ist zuletzt der Sinn von ›Dekonstruktion‹ und von ›Analyse‹, im Sinne der Psycho- oder Sozioanalyse. Das heißt wörtlich Abbau und Auflösung. Das heißt Wiederholen, Vorführen und im Wiederholen, im Vorführen dekonstruieren und analysieren. Die symbolische Ordnung der Welt ist in den heiligen Büchern der Völker sowie im Buch der Natur geschrieben. Sie bezieht sich auf die erste Schöpfung, mit der die Menschen seit Menschengedenken nicht zufrieden sind. Die Ordnung des Imaginären dagegen ist Menschenwerk. Sie ist abgebildet im *orbis pictus* der Bildmedien, vom Tafelbild bis zum Videoscreen, vom Foto bis zum Fernsehen. Doch auch damit sind die Menschen keinswegs mehr zufrieden. Beide Ordnungen sind hypertroph, d.h. tot und lebensfeindlich. In der alten regiert der tote Gott, in der neuen Ordnung der Mensch, sofern er toter Geist ist. Ich will und mag beide Ordnungen nicht gegeneinander ausspielen, wie es heute gang und gäbe ist. Ich finde, man kann die Kritik der Religion ebensowenig beenden wie die Kritik des Menschen, der sich wie ein Gott benimmt. Daraus folgt die weitere Frage: wie man durch eine auf die Spitze getriebene Performance das löschen kann, was performiert wird? Ob es möglich ist, mittels eines Dreischritts von Erinnern, Wiederholen, Durcharbeiten die Macht des Imaginären analysierend abzubauen? Es ist nicht sicher. Man muß es ausprobieren. Einige sind an dieser Front tätig, an dieser Demarkationslinie. Jan Fabre arbeitet sich durch die Dickichte der Zeichen zu den Materialien vor. Er will das *interface* zwischen Bild und Körper erreichen, den Schnitt zwischen Fläche und Raum, der unsere Wahrnehmung schmerzlich macht. Deshalb drängt es ihn auf die Bühne, nicht um noch einen Kniefall vor der Kultur zu unternehmen, sondern um die Grenze des Theaters theatralisch nach innen zu öffnen. Der *deus ex machina*, auf den alle Zuschauer der Welt immerzu warten, soll in seinem Funktionieren aufgespürt, gezeigt und – entmachtet werden. Dem kommt allerdings einiges entgegen. Das Schicksal, das die Menschen mit dem Imaginären haben, ist so opak nicht mehr, wie es zunächst erscheint. Sonst könnte niemand darüber schreiben. Vielleicht ist es auch hier bald Zeit für eine zweite Aufklärung, in der nicht mehr wie bisher eine verhängnisvolle Dialektik für Verschlimmerung sorgt, wo Verbesserung angestrebt wird. Jan Fabre jedenfalls ist auf der Linie der nach innen geöffneten Grenze ›dazwischen‹ geraten, zwischen ›Logik und Leidenschaft‹.

3. Wo ist das, was man sieht? Im Kopf, innen? Oder auf der Bühne, außen? Oder auf der Bühne im Kopf? Oder im Kopf auf der Bühne? Oder irgendwo dazwischen? Schwebend zwischen Veräußerung und Erinnerung?

Fragen über Fragen. Die wissenschaftliche Behauptung, wir Menschen sähen die Bilder umgekehrt auf der Netzhaut, was dann bei der Leitung ins Gehirn wieder vom Kopf auf die Füße gestellt würde, ist einfach und falsch. Wir sehen gar keine Bilder, sondern das, was die Bilder zeigen, ›außen‹, in der Welt, dort, wo es hingehört. Bilder als Bilder zu sehen, wäre bereits pathologisch, bestenfalls Effekt eines Kunstgriffes. Bilder haben zunächst Fensterfunktion. Sie lassen das Sichtbare erscheinen, aufgehen wie die Sonne am Morgen. Sie können auch den Blick verstellen, verengen, verdüstern wie die untergehende Sonne. Dann fragt man sich, wie es möglich war, daß sie jemals etwas gezeigt haben. Das passiert einem immer wieder, indem man sich an Bilder gewöhnt. Dann ist es fast unmöglich, sie wie zum ersten Mal zu sehen. Die Bühne der Welt und die Augen im Kopf haben dann ihre Plätze getauscht. Das Sichtbare ist vor lauter Transparenz verschwunden. Man darf sich einen orbitalen Schirm denken, auf dem es ein Zuwenig und ein Zuviel gibt. In der alten, der symbolischen Ordnung waren die Bilder als Bilder verboten. Dagegen haben Menschen ihre Einbildungskraft entfesselt. Sie konnten sich bis heute nicht genug darin tun, Bilder über Bilder zu machen. Was die Götter in der Körperwelt, das sind die Bilder in der Welt des Geistes, Exempel zunächst der menschlichen Machtfülle, Exempel schließlich einer radikalen Ohnmacht in Müll und Abfall. Der orbitale Schirm des Imaginären verzeichnet jedes gelungene Bild als Moment einer Verschließung. Gerade die exzellent gemachten Bilder: der Malerei, der Fotografie, des Films, des Fernsehens, besetzen ihre Stelle am Himmel der menschlichen Welt unwiderruflich. Schließlich hört die Fensterfunktion auf und der Schirm insgesamt wird zum Spiegel, der den Durchblick verweigert. Alles, was man sieht, ist dann immer das Eigene, das Selbe. Eine Bilderhöhle entsteht, welche die Geburtshöhle der Körper substituiert, aber ohne deren Ausgang bleibt. Wer der Bilderhöhle, die bald eine Hölle ist, entgehen will, kann nicht den Weg der Geburt wählen. Er muß sich vielmehr entscheiden, ›schwebend zwischen Veräußerung und Erinnerung‹ nach dem Muster, das er längst verabscheut, ob er dem Geist des Überlebens oder dem Körper zum Leben folgt, ob er am Spiegelfirmament einer imaginären Immanenz das ewige Spiel der unfruchtbaren Wiederholung spielt oder ob er aufbricht, vom Raum in die Zeit, etwas Vergessenes wiederzuholen, das in den Voraussetzungen des Bildermachens selbst steckt, in den historischen Konditionen der Einbildungskraft, ihrer den Raum und die Zeit erschaffenden Ordnungen.

4. Optisch-hirnphysiologisch ist die wandernde, wuchernde Frage nicht zu beantworten. Das Problem des er-

forschten Hirns liegt im forschenden Hirn. Kein Forscher kommt aus dem Futteral seiner Sinne heraus.

Ich sage nicht, daß man von der wissenschaftlichen Erforschung des Gehirns nichts lernen kann. Die hat in den letzten Jahrzehnten eine Menge Fortschritte in Richtung der Korrektur allzu simpler Modelle gemacht: Das Gehirn ist keine Hierarchie unter Führung der Großrinde; es ist keine Kommandozentrale; es ist kein Schaltnetz nach dem Muster ortsfester oder mobiler Einsatzstellen; es ist vor allem kein Kontrollorgan, das wie ein Beobachter arbeitet. Die Richtung, in der korrigiert wird, weist in eine unvorstellbare Komplexität. Es käme darauf an, das Menschenmögliche hier so offen wie möglich zu halten, weil sonst gegebene Strukturen überhaupt nicht als problematisch, als fragwürdig erscheinen können. Wahrscheinlich hätte das komplexeste Modell die Form eines menschlichen Körpers. So daß das maßlos überschüssige Potential die einfache wechselseitige Spiegelung erheblich transzendieren würde. Auf jeden Fall aber wäre die systemtheoretische Norm eines von der Welt abgetrennten Beobachters rettungslos unzulänglich. Letztlich ist nämlich jede Augendistanz zum Gesehenen ein bloßer Schein, der einer genaueren und konkreteren Beschäftigung nicht standhält. Darin reflektiert sich die vorläufige Wahrheit eines undurchdringlichen Imaginären, das einen Beobachter einschließt, der seinerseits glaubt, sich ausschließen zu können. Andererseits muß die Entdeckung, daß sich das Sichtbare bis zu einem gewissen Grad nach dem Sehen und seinen Gesetzen richtet, nicht zum radikalen

Konstruktivismus führen, der in der Eile seiner schnellfertigen Schlüsse übersieht, daß nur das gesehen werden kann, was selbst sieht. Selbst der hartnäckigste Objektivist wartet heimlich auf den Augenaufschlag der Dinge. Der Rückblick vom Anderen ist konstitutiv für den Blick, der geworfen wird, auch wenn der Beobachter dergleichen nicht für möglich hält. Die Welt ist das je spezifische Futteral der Sinne. Außen und Innen sind ineinander verschränkt. Zwar kommt es zu Verhärtungen, aber diese sind nicht absolut. Die Gefahr begegnet auf der Seite des forschenden Hirns: daß alle Modellvorstellungen zum Exempel jenes geschlossenen Imaginären werden, das kein Außen mehr kennt. Dann wäre auch Erkenntnis, die sich methodisch anleiten läßt, nichts als ein Spiegeleffekt, der den Forschenden zu einer monadischen Existenz verurteilt und die Entdeckung der Welt zu einem letztlich autistischen Abenteuer: Narziß, der statt des Anderen sich selbst sieht – und im Sehen versinkt wie im Wasser.

5. Der Terror des Imaginären, der auf der Einheit des Selben besteht und das Andere ausschließt, bevorzugt die Symmetrie von Rechts und Links, zum Exempel einer doppelten Kreuzschaltung im Kopf und im Körper.

Seit Jacques Lacan wissen wir, daß das Verlangen nach Einheit, besonders ihre rücksichtslose Verteidigung, das erste und härteste Gesetz des Imaginären darstellt. Das Verlangen stammt aus der Angst vor dem Tod, welche die menschlichen Individuen an der Grenze ihres zufälligen Wesens regelmäßig überfällt. Es ist die Angst vor der Spaltung, der Zerstückelung, der Auflösung. Das Andere, das eben zum Zwecke der Einheit des Selben ausgeschlossen wird, fungiert dabei als Stabilisator der Identität. Allerdings macht es eine bestimmte Wandlung durch. Es changiert zunächst ins Fremde, Unheimliche, dann ins Feindliche und wird schließlich zum ›Feind schlechthin‹, zu einem Projektionsmuster, das allem Beliebigen übergestülpt werden kann. Eine Rückübersetzung dieses Changierens ist schwierig, aber nicht unmöglich. Das liegt an einer Konzession. Die Einheit, die alles, was Zwei, Drei, Vier, Fünf und mehr heißt, von sich abtut, konzediert eine innere Verdopplung: die Symmetrie von Rechts und Links. Diese Symmetrie ist aber nur ein Triumph des Selben. Sie bietet keine wirkliche Alternative. Vielmehr zeigt sich, daß die Alternative als Konzession von Gnaden der Einheit nur die Spur einer Erinnerung an das ausgeschlossene Andere, das immer das Dritte ist, festhält, um es sobald wie möglich als bloßes Doppel des Selben vorzuführen und sich selbst bei dem Gedanken zu beruhigen, daß sie – als Derivat der Einheit – eine der besten Verteidigungsmaschinen der Welt ist. Nirgends besser als in den Theaterstücken Jan Fabres bekommt man dieses über eine Pseudo-Zweiheit laufende Spiel der Einheit vorgeführt. Auch wenn man es endlich als Suche nach dem verlorenen Zwilling dechiffriert, die Symmetrie der Bühnenbilder ist ausgesprochen ›terroristisch‹, duldet nur geringe Abweichungen, steigert sich zu schmerzlicher Rigorosität. Dabei geschieht – bewußt oder unbewußt – eine Mobilisierung des Zuschauers über die Sensibilisierung seiner körperlichen Kreuzschaltungen: linkes Auge – rechte Hirnhälfte – linke Körperseite; rechtes Auge – linke Hirnhälfte – rechte Körperseite. Und wie immer, wenn Überkreuzungen erregt sind, setzt ein Nachdenken ein, das nur mühsam neutralisiert werden kann. Bei mir hat es folgenden Weg genommen: Durch Übertreibung der Symmetrie von Rechts und Links wird genau das sichtbar, was versteckt bleiben soll, der Terror des Imaginären als eines geschlossenen Universums der Bilder. Jan Fabre gerät auch hier, wie in seinen anderen Werken, den Bildflächen unter die Haut. Die Performance evoziert den Zauber eines gelungenen Selbstschutzes und löscht ihn zugleich, durch Analyse, allein durch Analyse. Man schaut und schaut. Und sieht plötzlich, wie es funktioniert, das Spiel des Sehens auf dem Theater. Batailles Prophezeiung, daß der Mensch der Gewalt seines Kopfes entkommen wird wie der Gefangene dem Gefängnis, ist mir bisher nur in den Theaterstücken Fabres plausibel geworden: durch eine spezifische Enthemmung des Blicks, der sich durchschaut.

6. Alle Symmetrie ist zuletzt die von Innen und Außen. Die aber stimmt nicht. Deshalb steigt der Lärm an, je näher man kommt. Die Augenmacht endet im weißen Rauschen, in der absoluten Information.

Freilich sind einige Zusätze im Spiel, die ich bisher noch nicht genannt habe, insbesondere Musik, Sprache und Geräusch, Lärm. Ohne das Ohr wäre das Auge nicht zu bremsen. Das Ohr aber bietet für Innen und Außen einen völlig anderen, komplexeren Zusammenhang als das Auge. Idealiter sind es Stimme und Herzschlag der Mutter, die das Ohr des Menschen ›ausbilden‹, eine Umgebung statt eines Gegenübers, Gegenstandes, Objekts, Restes usf. Hörer haben andere Erkenntnisse, als Beobachter und Zuschauer sich träumen lassen. Der Vollständigkeit halber ergänze ich noch die übrigen ›Symmetrien‹. Nach Rechts/Links rangiert Vorne/Hinten, entscheidend für alle Gesetzmäßigkeiten, die den Menschen von rückwärts erreichen, die göttlichen wie die selbstgemachten, vergessenen, aber auch für das, was man Konfrontation nennt, Stirn an Stirn, die Begegnung, den Handel, den Krieg. Dann kommt Oben/Unten mit seiner Bedeutung für Aufrichtigkeit und Schwere, für die Ethik, den Sonnenstand, den der menschliche Körper einnehmen kann, aber auch für die Verkehrung, das Kopfstehen der Dinge oder der Menschen. Schließlich also: Innen/Außen, die rätselhafteste Raumordnung des Körpers, eine ›Symmetrie‹, die nicht stimmt, weil sie von Stimmen bestimmt ist, statt von Blicken. Es ist schlechterdings keine Perspektive vorstellbar, die das Verhältnis von Innen und Außen einsehen könnte. Entweder ist man innen oder außen, entweder folgt man der Introspektion oder der Außenwahrnehmung, aber das Verhältnis beider kann nicht gesehen werden. Es ist nicht für die Augen bestimmt, weshalb es – da Theorie Augenmacht darstellt – keine bruchlose Theorie der Erinnerung oder Veräußerung gibt. Wer es trotzdem versucht, gerät in den Schwindel, im doppelten Wortsinn von Lüge und Drehschwindel, von Illusion und Vertigo. Diesen Übergang zu beschleunigen und zu bekräftigen, unternimmt Jan Fabre mittels des Lärmes. Je näher er an die demarkationslose Grenze von Innen/Außen herankommt, desto lauter geht es auf der Bühne zu. Stimmen lagern sich über Stimmen, Gelächter verstärkt Gelächter, die Musik macht nur noch Geräusche, eine Information steigert die andere, die Stimmen im Kopf verursachen einen Höllenlärm – und genau darin, in der losgelösten Gewalt, die ein offenes Ohr trifft, bricht das Auge, wird die Macht des Blicks durch einen Filmriß unterbunden, in dem nun, während der Stille danach, neue Wahrnehmungen möglich werden. Der orbitale Schirm bekommt Risse; das blickgenährte Bewußtsein erfährt aufs neue die Zeit, die es verleugnet hatte; das kollektive Spiegelstadium kann verlassen werden. Die von außen eindringende Farbe ist noch einmal die des Himmels: Blau. Was aber wichtiger ist, zeigt sich an den Bruchstellen: wie eigentlich die Relation von Bild und Körper beschaffen ist, die weithin bis zur Unkenntlichkeit verstellt wurde.

7. Bildflächen bieten einerseits Illusionen, insofern sie den Realitätsverlust nicht beachten, der durch die Projektion einer dreidimensionalen Welt auf eine zweidimensionale entsteht. So wird das Andere zum Selben.

Es ist im Grunde ganz einfach wahrzunehmen, daß abgebildete Körper nichts Körperliches an sich haben, solange wir in unseren Körpern leben. Sobald wir jedoch gelernt haben, die Welt nur noch mit den Augen aufzunehmen – gemäß dem Wahlspruch der europäischen Zivilisation: *don't touch* – entgeht uns der Verlust. Denn die Augen sehen auch Körper, trotz Binokularität, bildhaft, d.h. auf Flächen, während die Haut, der große Tastsinn, Bilder lieber fühlen möchte, was nicht geht. Sobald sich also das Imaginäre als Gefängnis für einheitssüchtige Menschen mit Identität installiert hat, ist es mit den Prüfkräften der anderen Sinne vorbei. Dann geschieht etwas Unerhörtes: die Fläche triumphiert über alle Wahrnehmung! Die Fläche und der illusionäre Raum, die Bildfläche mit ›Körpern‹ von Gnaden der Bilder, die Filmleinwand mit ihrem Licht- und Schattenspiel, die Mattscheibe, das magische, lächerliche Rechteck, das von sich behauptet, der einzige weltweite Bedeutungsgenerator zu sein. Dann fragt man sich: Warum die Menschen es genießen, derart ›im Bilde zu sein‹? Warum sie Himmel und Hölle in Bewegung setzen, um sich nach einem Bilde zu modeln, sich und ihren Körper, das völlig körperlos ist? Warum sie eine elektronische Reproduktion, die als Täuschung sogar für die Augen funktioniert, der Selbsterfahrung mit allen Sinnen vorziehen? Warum sie den Verlust einer ganzen Dimension nicht nur unterschlagen, sondern diesen Verlust auch noch vergessen, und zwar so radikal, daß sie wirklich keinen Unterschied mehr wissen zwischen einem abgebildeten Körper und einem verkörperten Bild? – Damit sind eigentlich Machtfragen angesprochen und, wie immer, wenn es um Macht geht, Fragen der Angst. Ich glaube, daß Macht letztendlich ein infantiles Syndrom ist, eine Strategie, die auf völlig unzulängliche Weise Angst verbreitet, und zwar zu Lasten des verdrängten Anderen. Das fatale Grundmuster der Macht ist die Eliminierung alles dessen, was nicht auf das Selbe zurückgeführt werden kann. Selbstverständlich mißlingt dergleichen immerzu. Aber die verpaßte Chance im Umgang mit sterblichen Körpern transformiert das, was es gibt, ins Imaginäre. Die rückwirkende Ohnmacht aus unzulänglich verarbeiteter Angst eröffnet noch keineswegs das installierte Gefängnis, läßt noch keineswegs den sogenannten Normalzustand im Verhältnis der Menschen zu den Körpern als zwanghaft erscheinen. Dazu bedarf es vielmehr der Kunst. Erst deren Verwegenheit bei der nachholenden Dekonstruktion und Analyse läßt das Heterogene im homogenisierten Machtfeld wieder zu. Allerdings geht das nicht ohne Angst und führt das nicht am Schmerz vorbei, den die Bilder abstoßen, den die Körper brauchen.

8. Bildflächen schirmen andererseits Körper ab. Der Zweck ist die Aussperrung der Angst auf die Rückseite des Spiegels. Das Bild schützt vor dem Schmerz. Der Schmerz stützt das Bild. Sie wissen nichts voneinander.

Lacan schreibt irgendwo: Das Trauma stützt das Phantasma. Das Phantasma schützt das Trauma. Ich habe das auf meine Weise zitiert, um mir das Verhältnis, das Nicht-Verhältnis von Stütze und Schutz klarzumachen, oder genauer: von Körperschmerz und Bildphantasma. Wenn ich also konstatiere, daß es keine Verbindung gibt zwischen der Haut des Körpers und der Fläche des Bildes: ›sie wissen nichts voneinander‹ – dann wäre dazu viel Gegenteiliges zu sagen. Zunächst, Lacan wiederholend, daß der Schirm, indem er Bilder zeigt, Körper verbirgt. Angst, Verletzung, Schmerz sind, wenn es Bilder gibt, auf deren Rückseite verbannt. Die Körper sind jenseits der Bilder im Exil. Umgekehrt bestehen die Bilder aus massiven Verletzungen, aus irgendwie unerträglichen Traumata. Sie verhüllen sie; sie hüllen sie ein; sie sind Hüllen von Schmerzen. Wer sie lesen kann, versteht ihren Merk-Mal-Charakter, von Denkmal bis Grabmal. Gerade die obsessiven Bilder verraten wider Willen einen vergangenen, gewesenen Schmerz, den sie mit Mühe auf Erträglichkeitsniveau halten konnten. (Es gibt auch Traumata von solcher Schrecklichkeit, daß sie keine Phantasmata finden.) Was sich von der einen Seite als Abschirmung interpretieren läßt, erscheint von der anderen Seite als Nahrung. Schmerzen nähren einerseits Bilder, die sie andererseits bis zur Unkenntlichkeit vergessen machen. Es herrscht mithin ein Nicht-Verhältnis unter der Bedingung der Bildermacht im Orbit des Imaginären. Es kommt ein Verhältnis auf in der einsetzenden Ohnmacht, im Bruch der imaginären Immanenz. Wer es schafft, das kursierende Nichtwissen zwischen Bild und Schmerz zu retransformieren, wenigstens wieder in eine Ahnung zurückzuverwandeln – mehr wird kaum gelingen –, der hilft mit bei der Milderung eines Schicksals, das seine schlimmsten Härten noch nicht entfaltet hat. Denn obwohl die Bildstörungen zunehmen und die Lust zu sehen und gesehen zu werden bereits manchen Überdrußekel mitproduziert hat, ist die Vergöttlichung des Imaginären, seine Versetzung an den Himmel noch keineswegs auf der Höhe der Zeit. Die Abschirmung der Angst gelingt durchaus – für eine Weile;

die binäre Codierung aller Problemlagen hat wegen der Identitätssicherung einiges für sich; die Bevorzugung des ganzen Kopfes vor dem Körper, der immer der zerstückelte ist, löst manches Problem – zum Schein. Und es dauert, bis die Ohnmacht durchschlägt und eines der ältesten Mittel der Menschheit gegen die Angst, allein zu sein, außer Kraft setzt. Daß der Andere ausgerechnet im Imaginären nicht vorkommt, paßt zum Charakter dieser Selbsthilfe-Strategien, daß sie nämlich auf die Dauer ihre Anlässe verstärken. So absurd es klingt, aber die Menschen würden aus Angst vor dem Tod lieber sterben, anstatt sich – die Angst aushaltend – offenzuhalten für ein unvordenkliches Leben.

9. Im Verhältnis von Schutz und Stütze liegt das Geheimnis des Theaters. Jan Fabre legt es bloß, indem er ein Wissen installiert zwischen Bildschirm und Körperschmerz. Damit gerät er an die Grenze zum Unmöglichen.

Die Griechen haben das Theater – etwa zeitgleich mit der Theorie – erfunden, um den Schrecken der Existenz sterblicher Körper in Grenzen zu halten. Das Theater war und ist ein Ort, an dem die Ungeheuerlichkeit, die der Mensch darstellt, auf eine moderate Weise vorgeführt werden kann. Gewiß, es ging und geht um das Schicksal des Dionysos, aber im Schicksal des Dionysos um das Schicksal der Menschheit, um das Sterbenmüssen eines Unsterblichen, um die Zerstückelung eines ›Ganzen‹, um das Viele, das übrigbleibt und das wichtiger ist als die Einheit der Philosophie – aber dieses immer unter der Distanzierung des damit verbundenen Gräßlichen. Heutzutage, in der großen Rückwärtserinnerung der Geschichte, erreicht die Arbeit an Grenzen auch die Bastion des Theaters. Die Entblößung betrifft die investierten Gesetzmäßigkeiten. Das Ungeheuer Mensch ist auf der Bühne nun unvermeidlich, obwohl damit die Grundlagen zerstört werden, welche die Bretter, die die Welt bedeuten, zusammenhalten. Man kommt gewissermaßen um das Obszöne, d.h. das, was hinter oder unter der Szene ist, nicht herum. Auch Jan Fabre minimiert die Erträglichkeiten, die Dionysos, der rauschgebende Gott, verlangt. Auch er bringt eine Grundstruktur der Bühne mit Vehemenz auf die Bühne und folgt insofern der Tendenz, daß schier alles, was es gibt, reflexiv wird. Man nennt das soziologisch das ›Selbstreferentiellwerden der Systeme‹, sieht darin ein Charakteristikum steigender Komplexität. Das ist zwar nicht falsch, bleibt aber unbegriffen. Vor allem die Ambivalenz solchen ›Werdens‹ ist außer Betracht: daß auch die wissenschaftliche Erkenntnis zu einem Fall des Imaginären wird und so den Ausdruck eines Problems liefert, nicht aber seinen Begriff. Jan Fabre ist da weiter vorangekommen. Er installiert ein Wissen in das Verhältnis von Bildschirm und Körperschmerz. Er installiert es in eine Installation, die ausdrücklich ein Nicht-Wissen-Wollen hochhält. Die Performance kann das löschen, was sie performiert, weil sie auf die ›Jenseite‹ der Bilder gerät. Dort zittert die Welt. Vor dem Ende der Augenmacht im weißen Rauschen gibt es immer ein Erdbeben. Alle Aufbauten geraten ins Schwanken. Der Schwindel, der einen ergreift, kurz vor dem Sturz, ist ein Indiz dafür, daß eine unüberschreitbare

Grenze berührt wurde. Die Grenze, die sich nach innen öffnet, läuft vom Unmöglichen zum Zufälligen, über das Wirkliche und das Mögliche. Das sind Modalitäten des Daseins und des Wegseins. An der Grenze zum Unmöglichen wachsen die Kräfte, das Zufällige zu ertragen. Je mehr Zufall, desto mehr Spiel – so lautet das Motto.

10. Unmöglich ist das, dem es widerspricht, zu sein. Es hat ein unwahrscheinliches Gegenteil: das, dem es nicht widerspricht, nicht zu sein. Das heißt das Kontingente. Es klingt wie *The sound of one hand clapping*.

Inzwischen hatte ich völlig vergessen, daß ich einem Geräusch nachgehört und nachgedacht habe oder genauer: einem Flüstern, das als erste Antwort auf ein Geräusch verstanden werden will. Das Flüstern von Sätzen als zunächst rachsüchtige Gegenwehr bei einer überfordernden Erfahrung hört zwar beim Schreiben nicht auf, wird jedoch im Blick auf Gesetzmäßigkeiten unhörbar. Dem entspricht beim Sujet eine ähnliche Lage. Auch die Entblößung des innigen Verhältnisses zwischen Bild und Schmerz, wie Jan Fabre sie vornimmt, trifft ein Geräusch an, das auf Anhieb nicht identifizierbar ist. Es ist vollkommen zufällig. Erst nach und nach konturiert sich seine Bestimmung: daß das Zufällige die Frucht des Unmöglichen darstellt. Man muß an dieser Mauer ausgeharrt haben, um die Chancen des Zufalls wahrnehmen zu können. Das Unmögliche als Modalität fehlt in den meisten Kategorientafeln der Logik. Aber es ist heute unvermeidlich und stark, eine letzte Quelle der

Intensität, eine Figur rücksichtsloser Gleichgültigkeit, die mit ihren Tönen alles einfärbt, was grau bleiben will. So auch den Titel des Stücks: Das Geräusch, das Jan Fabre namhaft macht, ist ein ›unmögliches‹ Geräusch. Eine Hand allein kann höchstens Wind machen oder – nach der Art der Kastagnetten – zusammenklappen, so daß man es hört. Aber gemeint ist der asiatische Gemeinplatz des unmöglichen Geräusches, das entsteht, wenn ein lernender Mensch aufgefordert wird, mit einer Hand ›in die Hände zu klatschen‹. Was entsteht, ist eine ›Stille anstatt‹, eine ›Stille an Stelle‹, eine Geräusch-Implosion, wie sie starken Erschütterungen vorausgeht. Das Innehalten der Erde vor dem Beben. Aber auch der klirrende Klang im Bruch eines Zwangszusammenhangs, der Ton beim Aufspringen der Mauern eines Gefängnisses, der Hauch der Freiheit endlich als des Glücks, aufzubrechen, wohin man will. Natürlich gibt es keine notwendige Beziehung zwischen dem Unmöglichen und dem Zufälligen. Vielmehr hat sie, die Vermittlung, an beidem Anteil, am Unmöglichen und am Zufälligen. Insofern heißt das Kontingente, also das, was auch anders sein könnte, ein ›unwahrscheinliches Gegenteil‹. Die modalen Bestimmungen rundum sind Ausdruck einer entkrampften Logik, die den Widerstand des Lebens, der über die Gegenteile, über viele Gegenteile geführt wird, gelassener zu ertragen vermag. Der Klang, der *sound* des ›Klatschens einer einzigen Hand‹ hat noch im Ausbleiben jene Zufälligkeit, die dem Imaginären als Statthalter der Einheit entgeht. Je mehr Zufall, desto mehr Spiel, desto mehr Spielräume für Körper auf Zeit. Am Kontingenten scheitert die binäre Codierung der Welt. Der Zufall ist der wahre Feind des toten Geistes.

Liebe Solveig, mein Versprechen hat zu Erläuterungen geführt, die wesentlich weitläufiger ausgefallen sind als beabsichtigt. Das liegt an der Verflochtenheit meiner Gedankengänge. Wenn ich an einem Faden ziehe, schwirrt gleich das gesamte Netz mit. Zugleich kann aber so deutlich werden, daß in den vergangenen Jahren ein riesiges Flechtwerk, das noch nirgends eine adäquate Darstellung gefunden hat, entstanden ist. Das soll Dich nicht erschrecken. Es sind hier auch ganz neue Gedanken aufgetaucht, an der Grenze, so der imaginäre Orbit, die unerhörte Symmetrie von Innen und Außen, das Bild-Schmerz-Verhältnis und die hilfreiche Logik des Zufalls. Längst aber bin ich nicht konkret genug, um Jan Fabres Ängste und Hoffnungen, soweit sie ins Werk gesetzt sind, hinreichend entschlüsseln zu können. Manchmal habe ich nur Worte gemacht, wo er inszenieren konnte. Sprechen und Denken, Flüstern und Erläutern, Sprachdenken, leise und mit erhobener Stimme – das sind lauter unendliche Tätigkeiten. Und manche Annäherung geht heute daneben, damit sie in Zukunft besser wiederholt werden kann. Ich lasse also ein paar Kapseln übrig und lege die Zange weg, wie ich in Betracht auch einiger früherer Notizen mir die Interpretation weiterhin versage. Ich habe nicht die Aufgabe, Jan Fabres Werk ›erschöpfend zu behandeln‹. Vielmehr nehme ich seine Arbeit in Anspruch, um dasjenige besser zu verstehen, was mir seit einigen Jahren an der Kunst immer problematischer wird. Ich meine, daß sie weithin ihre rigorose Unversöhnlichkeit verliert und so ein geradezu willfähriges Opfer der Maschinerie des toten Geistes wird. Ich danke also dem ›behandelten Künstler‹ ausdrücklich für den Mut, so weit sich vorgewagt zu haben. Davon habe ich profitiert. Vielleicht hat auch er umgekehrt etwas von den Erläuterungen. Von den Flüster-Sätzen war er – wie Du weißt – durchaus nicht angetan. Ich freue mich sehr auf unsere kommende Reise nach Antwerpen und verbleibe bis dahin mit herzlichen Grüßen.

Dein Papa

Wege aus der Bilderhöhle:
Das Aufklaffen der Immanenz

Bei der Themenwahl schwebte mir in ausdrücklicher Absetzung von Platon keine dunkle Höhle vor, sondern eine *chambre claire*, deren Wände nur aus Bildern bestehen. Die *camera obscura* ist allzu bekannt und wird immer schnell mit der platonischen Höhle in Beziehung gebracht. Platon beschreibt die Situation des Sehens folgendermaßen: Menschen haben, angekettet auf ihren Sitzen, Bilder zu betrachten, die dadurch entstehen, daß Gegenstände, wirkliche Gegenstände, hinter ihnen vorbeigetragen werden und Schattenrisse auf eine Wand werfen. Menschen halten diesen Zustand für normal, bis sie von Philosophen darüber aufgeklärt werden, daß sie von Anfang an einer Täuschung unterliegen, daß sie etwas annehmen, was nur dem Anschein nach so ist, daß sie sich aber bemühen müßten, aus ihrer Zwangslage herauszukommen und den Blick umzukehren, um dadurch die Gegenstände selbst in Augenschein zu nehmen und darüber hinaus dann das Licht, das auf diese Gegenstände fällt, jenes Feuer, das am Ende der Höhle brennt.

Doch für Philosophen ist selbst dieses Feuer nicht das Letzte. Es wird philosophisch-pädagogisch nahegelegt, die dunkle Höhle selbst zu verlassen und zum Licht aufzusteigen, was wegen der übergroßen Helle nicht auf Anhieb gelingt. Platon – und nach ihm die Philosophie – betrachtet sich selbst als zurückgekehrter Lichterfahrer, der die Leute, die im Dunkeln sitzen und jene Schatten an der Wand als wahre Gegenstände der Wahrnehmung auslegen, aufklären kann und muß über die verkehrte Grundsituation des Sehens.

Aber nicht daran denke ich bei dem Wort Bilderhöhle, sondern an eine Höhle, die aus Bildern besteht, die Wände nicht aus Steinen, sondern aus Bildern hat und trotzdem so etwas wie eine Abgeschlossenheit bietet. Eine Monade, die anstelle der fehlenden Fenster Bildschirme hat, auf denen sich die Welt abspielt. Der Terminus ›imaginäre Immanenz‹ oder ›Orbit des Imaginären‹ wäre also die Bezeichnung für ein Gefängnis, für eine Höhlensituation, in der die Wände nicht mehr materiell, sondern energetisch verfaßt sind. Man geht aber nicht hinaus, weil man es nicht für möglich hält, durch Bilder hindurchgehen zu könne. So wie allzulang eingesperrte Tiere ihre Käfige, selbst wenn sie zerstört sind, nicht verlassen. Ich finde das Bild sehr treffend für die Lage, für den Umgang mit Bildern heute.

Ich frage mich, warum es eigentlich nicht möglich ist, eine solche Situation zu ändern? Ist die Bilderhöhle die Errungenschaft, die dem Platonismus zugerechnet werden muß? Ist die Philosophie, nachdem sie den Weg aus der Dunkelheit herausgefunden hat, nun in Lichtmetaphern eingesperrt? Und sind die Menschen, die den Philosophen folgten, aus der Höhle in die Hölle geraten, einverstanden mit dem, was sie erreicht haben: statt der gesuchten Freiheit von Zwang einen anderen Zwang, statt der Emanzipation aus der Verkehrung eine andere verkehrte Welt? Irgendetwas müssen die Menschen davon haben. Vielleicht leisten die Bilder, so wie wir sie kennen, eine Art Angstbewältigung, die beruhigend ist, die Trost bietet. Der allerdings in dem Augenblick aufhört, in dem die Situation verlassen werden soll. Dann sind die Menschen nicht mehr bei Trost. Dann kehrt die Angst zurück. Wer also für Sicherheit und gegen Angst plädiert, darf an das gute Funktionieren der Bilderhöhlen nicht rühren, muß sich von einer zweiten Aufklärung fernhalten, kann überhaupt keine Verkehrung wahrnehmen. Vielleicht hatten die Philosophen ja unrecht mit ihrer ersten Annahme, aber daß das hauptsächliche Mittel der Befreiung zu einem schlimmeren Zwang geführt hat, das will man nicht konzedieren. So daß nur eine gründlichere Analyse des Verhältnisses der Höhlen Abhilfe schaffen könnte.

Ich beziehe mich bei dieser Analyse auf eine in der Hinsicht der Theorie des Imaginären fortgeschrittene Psychoanalyse, die die Situation etwa wie folgt schildert: Sowohl in der Biographie jedes einzelnen Menschen als auch in der längerfristigen Geschichte einer Menschheit, die sich über sich selbst aufzuklären bemüht, gibt es eine Phase, in der statt der Realität ein Bild der Realität den Vorrang hat. Diese Phase ist sehr früh anzusetzen. (Nach Jacques Lacan, der sie das ›Spiegelstadium‹ nennt, in einer Zeit zwischen dem 6.

und dem 14. Lebensmonat.) Übertragen auf die Geschichte findet sich dieses Spiegelstadium immerzu am Anfang der längerfristigen Epochen, also im frühen Altertum, im frühen Mittelalter, in der frühen Neuzeit etc. Der Umgang mit den Bildern ist, so betrachtet, durchaus archaisch geprägt, und wie immer, wenn es um Archaismen geht, läßt sich durch bloßen Willen an der Lage kaum etwas ändern. Für die Lage des Menschenkindes in dieser frühen Zeit gibt es eine Unausweichlichkeit, wie Lacan sie mit Melanie Klein und anderen Psychoanalytikerinnen beschreibt, eine paradoxe Unausweichlichkeit, die darin besteht, das Leben bereits wieder verlieren zu müssen, bevor es überhaupt begonnen hat. Lacan spricht von einer Phase der vorbewußten Einsicht, daß dem Begehren die Rückkehr in die Geburtshöhle verwehrt ist, und daß zugleich keine Möglichkeit besteht, das Leben, so wie es sich aufdrängt, leben zu können. In dieser allergrößten Not, sagt Lacan, erfindet der Mensch das Bild.

Das Bild ist eine erste Großtat des Menschenkindes, insofern es in einer ausweglosen Situation aktiv eine Lösung findet, jedenfalls auf Zeit. Anderen Orts hat Lacan dasselbe im Verhältnis von Traumatisierung und Phantasmatisierung beschrieben. Das Trauma ist jene übergroße Erfahrung, die zu machen der Mensch mehrfach in seinem Leben genötigt ist, weil er keine passende natürliche Ausstattung besitzt. – Wie man weiß, kommt das Menschenkind entschieden zu früh zur Welt und muß eine Reihe von Kompensationsleistungen erbringen, zu denen auch diese gehört: das Leben erleiden zu müssen, ohne es führen zu können. Dieses

Trauma wird abgedeckt durch das Phantasma. Und Trauma und Phantasma sind vom selben Moment an aneinandergekoppelt. Immer, wenn Menschen an ihre Phantasmen rühren, rühren sie auch an ihre Traumata, so die Lesart der Psychoanalyse, und immer, wenn große traumatische Ereignisse oder Prozesse passieren, greifen die Menschen zu den Bildern, um das Unerträgliche erträglich zu machen. Die Angst vor der Dunkelheit, jetzt nicht nur in dem Sinne, wie sie vielleicht als *Pavor nocturnus* auftaucht, sondern auch in dem Sinne, daß schon ganz früh Menschen mit einer Sinnlosigkeit konfrontiert sind, auf die sie sich keinen Reim machen können, diese Angst vor der Dunkelheit ist der Bedingungsgrund der Bilder, und Bilder wären dann zunächst und vor allem Siege über die Angst. Sie behalten auch bis in das spätere Leben und in das späte Leben diese triumphale Seite. Das gegen die Dunkelheit des drohenden Todes errichtete Bild wäre also die archaische menschliche Leistung schlechthin, historisch und biographisch. – Ich spreche hypothetisch, ich versuche mir einen Reim zu machen darauf, warum Bilder diese große Bedeutung und diese große Faszination haben.

Wenn man sich diesen Prozeß, bezogen auf die Grundrichtung menschlicher Triebschicksale, genauer ansieht, so kann man sagen, die Menschen haben es von Anfang an schwer mit der Welt, in die sie hineingeboren werden, sie müssen ihr Begehren mühsam einfügen. Die spontane Rückkehrbewegung in die Geburtshöhle wird abgelenkt, und zwar so, daß man anstelle der Geburtshöhle mit einer Bilderhöhle vorliebnimmt. Doch die Ablenkung ist unaufhaltsam. Auch die Bilderhöhle hält nicht, was sie verspricht. Das Begehren ist zu groß. Wir wissen immer noch nicht, wie weit das geht, wie weit die Kette der Substituierungen reicht. In der Zivilisationsgeschichte hat es Forcierungen gegeben. Man könnte sagen, vom Begehren der Mutter bis zum Coca-Cola-Konsum läuft eine lange Kurve der Ablenkungen. Und es geht, wie an historischen Beispielen darstellbar wäre, immer auf Biegen und Brechen, das heißt, es wird gebogen, und es wird gelegentlich auch ein Brechen in Kauf genommen. Menschen, die sich nicht brechen lassen wollen, sind zu einem Sich-Biegen gezwungen. Elend und Größe, Armut und Zwang haben unentwegt markiert, was man den Bogen der Ablenkung des menschlichen Begehrens nennen könnte. Und in diesem Prozeß spielt die Produktion von Bildern eine ganz entscheidende Rolle.

Man kann das auch positiv formulieren und von einer Progressionsbewegung sprechen, von einen Fortschritts-Glück, das der Kette der Substituierungen folgen kann und nicht in Regressionen verfallen muß. So wäre es als ein Fortschritt anzusehen, daß die Menschen sich von der Geburtshöhle in die Bilderhöhle begeben. Man könnte es als eine humane Errungenschaft ausgeben. Allerdings würde an dieser Geschichte deutlich, daß ein Phasenmodell, eine Form der zeitlichen Abfolge wichtig ist. Darauf haben sich übrigens alle Theoretiker des Lebenslaufes bezogen: daß nicht jedes zu aller Zeit wichtig ist, und nicht jedes zu aller Zeit nötig, aber daß in der Spur, die sich bezeichnen läßt, idealiter für ein Menschenleben, das Durchlaufen bestimmter Phasen unerläßlich ist, damit es überhaupt weitergeht.

Freud nannte es den ›Königsweg‹, der als Folie der Neurosen dienen kann. Wenn es nämlich nicht geht, wenn eine Phase verpaßt oder übersprungen wird, bleibt die Entwicklung stehen, und die Menschen sind genötigt, infantile Zustände ein Leben lang zu perpetuieren.

Man kann also folgern, daß im Übergang aus einer ersten Höhle in eine zweite einerseits eine vorübergehende Lösung gefunden wird für ein Problem, das sich aus der biologischen Grundsituation des Menschen ergibt, und man kann folgern, daß sich aus dieser Lösung wiederum neue Probleme ergeben. Die Kulturleistung des Bildes, das die Schrecken der Furien moderiert, schafft ihrerseits, auf Dauer gestellt, neue Schrecken, die wahrgenommen werden müssen. Eine solche Erfahrung, daß Problemlösungen nur auf Zeit funktionieren, danach aber mehr Probleme schaffen als sie lösen, nimmt heutzutage überhand.

Man muß versuchen sich darüber gründlicher Rechenschaft abzulegen. Man kann akzeptieren, daß in den Bildern eine Art von Gattungstraum manifestiert wird, daß das wachsende Leben sich selbst in ihnen träumt und daß ohne diesen Traum eigentlich überhaupt keine Vorwärtsbewegung möglich ist, sondern alles stagniert. Es gibt jenen Punkt, von dem aus das derart Aufgebaute, die Errungenschaft, zu einer Hemmung wird. Denn trotz der schützenden Biegung von Traum und Trost geht die Ablenkung weiter. Das Verweilen in der Welt der Bilder ist immer noch ein Zustand vor der Geburt zur Welt. Das Spiegelstadium ist als eine intermediäre Phase zu bezeichnen, die ebenso notwendig wie unzulänglich ist. Wer aber weiterhin seinem Begehren die Treue hält, für den ist ein nochmaliges Verlassen dieses Zustandes unerläßlich. Wer bei den Bildern bleibt, hängt gewissermaßen zwischen Himmel und Erde wie zwischen Tod und Leben, er ist noch nicht auf der Welt.

Die menschliche Einbildungskraft kann als ein Abkömmling der Höhle angesehen werden. Sie mutiert ihrerseits zu einer Hölle, wenn man sie nicht verlassen kann. Höhle und Hölle, das ist im übrigen dasselbe Wort. Auch Blumenberg hat das Motiv für seine Vorschläge, Höhlenausgänge zu beschreiben, daher genommen, daß das Verbleiben in den Höhlen über die Zeit hinaus zu einer Höllenexistenz führt. Dabei ist vielleicht eine Assoziation nicht unwichtig: Als die Neuzeit begann, statt der Wörter und der Schrift den Bildern den Vorrang zu geben, hat es eine ganze Reihe von Warnungen gegeben, wie die Gefahr zu vermeiden sei, die sich darin verbirgt. Es gibt zum Beispiel eine Frühschrift von Galilei, der allen Ernstes den Versuch gemacht hat, die Maße der Hölle zu berechnen, die in Dantes *Inferno* beschrieben ist; das nicht etwa als Hohn auf die alte Geschichte, sondern als Versuch, den Raum, den Dante dargestellt hat, als Vorentwurf für den Raum anzusehen, den Galilei in seinen Forschungen später beschreibt. Bilder sind von Anfang an Raumöffner. Die Einbildungskraft geht fast ausschließlich in die Ordnung des Raumes ein. Raumidolatrie ist die hauptsächliche Manifestation des neuzeitlichen Machtversuchs über das, was ist. Sie findet sofort und bleibend in der ›Hölle‹ statt, in der Bilderhöhle, ohne daß dergleichen transparent gewesen wäre. Das kommt erst heraus. Trotzdem gibt es eine Fülle von Bezugnahmen. Die Hölle verliert zunächst ihre Schrecken, wie sie mittelalterlich überliefert waren, und die Menschen der Neuzeit beginnen sehr getrost und sehr gefaßt damit, die Erde in ein Paradies zu verwandeln. Wenngleich die Bilder immer wieder auf Tod und Leben und auf den Wechsel ausgehen, so sind sie doch eher die Türen und Fenster, mit denen man in Räume eintritt, in wirkliche und eingebildete Räume.

In Parenthese dazu ein Hinweis auf Sedlmayr, der in einem Text, ›Die Geburt des Lichtes‹, die moderne Kunst angreift und behauptet, daß sie in ihren Anfängen, insbesondere bei Bosch, und dann vermittelt über Zeitgenossen wie Goya, eine unendliche Beschäftigung mit dem den Menschen eigenen Vermögen der Einbildungskraft darstelle. Diese aber wolle, im Unterschied zu der Schöpfungskraft Gottes, nicht Geschöpfe, sondern Geister, Gespenster und Ungeheuer in die Welt setzen. Die Moderne als reflexive Beschäftigung mit der Bilderkraft, der gemeinmenschlichen Fähigkeit des Bildermachens; die Moderne als Ausarbeitung der Hölle. – Das Ganze hat natürlich denunziatorischen Charakter; Sedlmayr mochte die moderne Kunst gar nicht. Aber mit Rücksicht auf die drohende Immanenz der Bilderhöhle läßt es sich durchaus vertreten, eine solche These aufzustellen. Die menschliche Einbildungskraft galt der beginnenden Neuzeit als das einzige menschliche Vermögen, das nicht getauft werden muß, weil es den Sündenfall nicht mitgemacht hat. Die Phantasie ist eine paradiesische Kraft, die der Erbsünde ledig ist und die dann auch heftig in Anspruch genommen wurde bei dem Versuch, eine eigene menschliche Welt an die Stelle der Natur, der göttlichen Schöpfung zu setzen. Am Ende kommt heraus, daß diese zweite Schöpfung unter Umständen Höllencharakter hat.

Wenn ich das Problem jetzt zuspitze, stellt sich die Frage: Was kommt nach der Bilderhöhle? Noch eine Phase oder Etappe? Oder gibt es eine andere Freiheit? Kann man hier bis drei zählen, oder verläuft alles in ein dauerndes Hin und Her? Bleibt es bei der Alternative: hie Körper, hie Bild; wobei die Protagonisten des Bildes die Entkörperlichung propagieren, und die Verteidiger des Körpers die Entbildlichung predigen? Ich möchte auch in dieser Linie wenigstens bis drei zählen und beschäftige mich jetzt mit dem möglichen Ausgang aus der Bilderhöhle, mit dem, was im Titel ›das Aufklaffen der Immanenz‹ heißt.

Ich hatte das so formuliert: Das bloße Geborenwerden ist es noch nicht, die Erschaffung des Bildes gegen die Schrecken der Herkunft ist es noch nicht; die Wiederkehr der Zeit, die in den Bildern verdrängt wurde, ist es noch nicht. Vielleicht wird das klarer, wenn wir uns danach fragen, was es heißt: im Bilde zu sein. Wir benutzen das als Parallelwort zum Informiert-Sein. Beide Worte sind allerdings aus der Wortbildungskraft der Mystiker entstanden. Die *informatio* war der Prozeß, in dem sich Gott mit der Seele vermählte. Ein gut informierter Mensch war ein Heiliger oder ein religiöser Mensch. Das Wort hat sich dann daraus abgelöst und ist heute unter anderen Randbedingungen ein anderes Wort geworden, aber es behält immer noch diesen Zusammenhang. Heute wäre derjenige gut informiert, der die Wirkungen, die Prozesse, die Ursachen in der Schöpfung einer zweiten Natur, jederzeit weiß, und das heißt, der sich auf dem Reflexionsniveau der Arbeitsweise der Einbildungskraft hält. Ein Mensch, der im Bilde ist, hat für sich die Zusammenhänge realisiert, die zu dem Zustand der imaginären Immanenz geführt haben. Aber er weiß den Ausweg nicht. Die Fallen der Information, des Im-Bilde-Seins können nicht durch einfache Steigerung umgangen werden. Wer sich ins Äußerste des Informiertseins steigert, kommt nicht mehr heraus. Er ist gezwungen, zumindest die Wirkungen nicht zur Kenntnis zu nehmen und sich abzuschotten. Jemand, der vollkommen im Bilde ist, wird, so betrachtet, den Status dieses ›Im-Bilde-Seins‹ nicht wahrnehmen können. Aber es ist wohl nicht möglich, vollkommen im Bilde zu sein. Und jeder zweite Blick sprengt die Immanenz.

Pointiert formuliert: Die Welt, zu der man kommt, beginnt erst auf der Rückseite der Bilder. Erst im Filmriß fängt die Wahrnehmung dessen an, was die Welt ausmacht. Erst beim Sprechen als eines Handelns in der Zeit wird es hell. Das Imaginäre dagegen verläuft sich zu einem Nihilismus der Transparenz. Was die Menschen herausbringt aus dieser Bilderhöhle, ist ein Umsteigen vom Raum in die Zeit. Die Konstellation der Bilder hat einen in Form gebracht, die Räume zu vermessen, die zur Verfügung stehen. Mittels des Auges und des Blicks und der Bilder und der Abbildung der Welt ist den Menschen eine unerhörte Macht zugewachsen in den letzten Jahrhunderten. In Richtung einer Bemächtigung der Räume mittels der Bilder, die dann durchaus als Waffen eingesetzt werden können, ist sehr viel geschehen, mit Konsequenzen geschehen, die nicht mehr reversibel sind. Es scheint mit dem Ruin der Räume zu enden, oder besser gesagt, mit dem Ruin raumhafter menschlicher Umgebung. Es endet bei den virtuellen Räumen, also bei Räumen, die nicht eigentlich wirklich sind, sondern nur noch möglich. Virtualität ist keine Kategorie der Technologie der Sinne, sondern der sinnlichen Erfahrung. Die maßlose Entwertung von naher Lebenswelt, Landschaft, gar Heimat ist ein Effekt maßloser Raumbeherrschung mittels der Bilder. Man kann schließlich nicht mehr in wirklichen Räumen, sondern nur noch in Bild-Räumen leben und sterben – eine grauenhafte Erfahrung. Die gegenwärtige Suche nach Heimat, nach den Innen-Außen-Ordnungen, die einem Zugehörigkeit garantieren, geht darauf zurück, daß die Raumhaftigkeit der Welt mittels einer Übertreibung der Bemächtigung zerstört worden ist. Das Wissen, überall und jederzeit in militärisch gerastertem, beobachtetem, ad hoc zerstörbarem Gelände zu leben, kann nicht mehr vergessen werden. Insofern gibt es kein Zurück in die Orte der Kindheit. Es kann nicht mehr um eine Restituierung, um eine Renovierung der Räume gehen, sondern nur noch um ein Umsteigen vom Raum auf die Zeit. Das bedeutet zunächst, daß der Zeitaspekt von Mensch, Welt und Gott immer wichtiger wird, auch der Zeitaspekt der Bilder, und daß die Zeit des Spiegelstadiums oder der Bilderhöhle befristet war und befristet ist. Das bedeutet weiter, daß es nun darauf ankommt, in Betracht der Zeitstruktur das Gefängnis trotz seiner schönen Gewohnheiten, seiner angenehmen Ohnmachten zu verlassen. Und das bedeutet schließlich, den Mut zu finden und die Entschiedenheit, durch die Wände der Bilderhöhle hindurchzugehen.

In dem Zusammenhang muß ich auf zwei erschwerende aber auch gebrechliche Konstruktionen hinweisen: die *camera obscura*, Substitut des Mutterschoßes, und der Spiegel, Statthalter des Imaginären, sind Agenten der Verkehrung. Ob es ein Zufall ist, daß die *camera obscura* alles auf den Kopf stellt, und daß der Spiegel die Seiten verkehrt? Man kann das natürlich mit optischen Gesetzen erklären und mit subtilen Ableitungen und mit experimentellen Arrangements Verblüffungen erzielen, mit Umkehrbrillen und Gesichtsmanipulatoren. Aber was es bedeutet, hat man nicht begriffen. In der Welt der Bilder sind die Körper verkehrt, sind die Körperordnungen vertauscht – also Spiegel zeigen seitenverkehrte Körper und Gesichter, und Höhlen stellen alles auf den Kopf. Das könnte doch dazu führen, daß man das Verkehrte noch einmal verkehrt und das Vertauschte noch einmal vertauscht, daß man sagt, ich will nicht mehr auf dem Kopf stehen, ich will auf meine Füße kommen, und ich will nicht mehr in einer gespiegelten Welt leben, die meine Seiten verkehrt.

Was das nun wiederum bedeutet, ist im einzelnen zu eruieren. Und was es für die Geschichte des Sehens bedeutet, ist mir noch nicht klar. Für den Fall aber, daß man den Höhlen entkommen will, wäre es erforderlich, auf diese Sehgewohnheiten zu verzichten. Braucht man denn Spiegel, ist es nötig, auf immer Bildchen von sich und anderen zu haben? Warum soll man sich nicht endlich auf die Füße stellen und die Spiegel zerschlagen? Wer verlangt denn, im Bilde zu sein, wie wenn immer eine Kamera mitfährt, auch hier und jetzt? Seit Platons Höhlengleichnis ist diese anfängliche Verkehrtheit des Sehens beim Menschen erkannt, aber die Vorschläge, der Verkehrtheit zu entgehen, sind meistens daran gescheitert, daß der Status der Höhlen nicht klar ist, auch nicht ihre Reichweite. Es hat den Anschein, als habe sich die zweite Höhle zum Orbit ausgewachsen, zum globalen Netzwerk der Datenströme und der Denkmuster, und als gäbe es kein Entrinnen mehr aus diesem Bildinnenraum zwischen Geburtshöhle und Sprache und Welt.

Die meisten Wissenschaften, auch die großen Praxen der gegenwärtigen Gesellschaft, geraten alle in den Sog der Bilder. So ist zum Beispiel nichts dermaßen spekulativ (›spekulativ‹ heißt im Bilde, aufs Bild bezogen) wie die Ökonomie, die noch vor Jahrzehnten von sich behauptete, daß sie den ehernen Gang der Dinge beschreibe. Die Ökonomie hat sich am heftigsten ins Fiktive gewendet. Sie dient hoffnungslos dem Imaginären, weil die ökonomischen Verhältnisse selbst eine Art Schwebezustand erreicht haben und die realen Abstraktionsprozesse in einer Weise gediehen sind, daß das Materielle an ihnen überhaupt nicht mehr anzutreffen ist. Es gibt in Soziologie, Politologie, Pädagogik usf. einen ebensolchen Sog, der den Begriff verschluckt. Das gilt auch für Erziehung, Politik, Gesellschaft, Wirtschaft. Der Sog hat ihre Essenz ergriffen und löst sie auf. Wirklichkeit ist längst nur noch eine Behauptung wider besseres Wissen. An diesem Punkt wäre die Reichweite der Bilder noch einmal zu beziehen auf jene frühe Angst, die in allen Religionen zur Debatte gestanden hat. Vielleicht ist die Bilderhöhle, für die Wissenschaft ein Substitut der Geburtshöhle, welche die Religionen nährte. Bei dem Versuch, die Religionen zu ersetzen, ist man von der einen in die andere Höhle geraten, hat aber noch keineswegs den Weg ins Freie gefunden.

Es gibt viele, die sagen, wir werden die Aufklärung selbst nicht über den Punkt ›Aufklärung über Aufklärung‹ hinaus halten können. Wir werden zurückgehen müssen auf vormoderne Fundamente. Diese Art Fundamentalisierung schreitet fort, das heißt zurück. Mit der angenommenen Konsequenz, man könne die Bilderhöhle nur nach rückwärts verlassen, insofern das wahre Leben nicht auf dieser Erde zu haben ist. Immerhin haben die Bilder, so wie sie aufgekommen sind, das Versprechen enthalten, daß es ein Leben vor dem Tod gibt. Deshalb müssen gerade diejenigen, die den Bildern glauben, den Philosophen dabei helfen, den Status der Bilderhöhle zu klären. Vielleicht liegt es nur daran, daß man einzig eine binäre Ordnung für möglich hält, daß zwischen der *camera obscura* und der *chora genesios* – also lateinisch der ›Dunkelkammer‹ und griechisch dem ›Schoß der Geburten‹ – eine strenge Alternative herrscht, die zum pausenlosen Hin und Her des Begehrens führt: entweder die Mutter oder der Widerstand dagegen; es gibt kein Jenseits der Bilder, es gibt kein Jenseits der Abbildung der Welt. Dann wären die Augen einem doppelten Tod verfallen, der sich jeweils als Ewigkeit maskiert und einen Ausweg gar nicht zuläßt.

Aber der Ausweg, den ich beschreiben wollte, läge im Umsteigen vom Raum auf die Zeit. Mir scheint, daß man die

Höhlen als Raummetaphern hinter sich lassen kann, wenn man es schafft, die Alternative zu brechen. Zwischen zwei Höhlen zu wählen, heißt eine falsche Entscheidung zu erzwingen, für die Körper oder für die Bilder zu sein. Wenn man sich entscheiden muß, entweder in die Anfangshöhlen zurückzukehren, oder aber in der Bilderhöhle zu verbleiben, dann hat man nur die Wahl zwischen gegebenen oder selbstgebauten Gefängnissen. Aber vielleicht gibt es diese Alternative zwischen Körper und Bild gar nicht, wie es auch keine Alternative zwischen Wirklichkeit und Fiktion gibt. Vielleicht geht es beide Male um dasselbe. Spürbar wird immer deutlicher an diesem Weder-Noch, daß eine Dialektik verlassen werden muß, wenn es weder die geschlossenen Räume der Herkunft sind noch die utopischen Hoffnungen auf eine Realisierung der menschlichen Wünsche auf dieser Welt, wenn es weder das eine noch das andere ist, dann muß man meines Erachtens endlich bis Drei zählen. Eins, Zwei oder Null-Eins, das ist die Logik des Selben. Alles Andere beginnt erst mit der Zahl Drei: daß es immer mehrere Gegenteile geben muß, wenn man leben will.

Thesen

1. Nein. Nicht der Kopf des Mannes, sondern der Schoß der Frau ist das Modell für den Apparat, mit dem man Bilder macht. Bei der *camera obscura* kommt es auf sensible Innenflächen an, zum Beispiel auf den lichtempfindlichen Film, auf den dunklen Schirm, auf die Wand aus Leinen. Der Kopf des Mannes funktioniert wie ein Projektor. Dagegen sind

die Höhlenwände Projektionsflächen, die mithilfe einer fühlenden Dunkelheit die Wirkungen des Lichtspiels festhalten können.

2. Die Angst vor dieser Dunkelheit, der berüchtigte *pavor nocturnus* kleiner Kinder ist der Bedingungsgrund der Bilder. Bilder sind zunächst und vor allem Siege über die Angst. Erst dann sind sie auch Zeugnisse einer gewesenen Liebe, Grabmäler, Denkmäler. Höhlen sind Orte, an denen Menschen, die leben wollen, Bilder brauchen, um nicht vor der Zeit zu sterben. Das gegen die Dunkelheit des drohenden Todes errichtete Bild ist das erste Große Menschenwerk. Das gilt historisch und biographisch.

3. Das Begehren der Menschen, wie es sich mühsam in die Welt fügt, ist eine Rückkehrbewegung, die abgelenkt wird. Solche Ablenkung ist unaufhaltsam. Das erste Ziel, die Höhle der Geburt, muß ausgewechselt werden, damit sie nicht zum vorzeitigen Grab wird. Die Bilderhöhle, die den Raum mit der Fläche, den Körper mit dem Bild vertauscht, ist das zweite Ziel. Denn alle Herkunft ist schrecklich. Gegen den Schrecken der grausamen Mutter hilft nur die Welt der Bilder, in denen das wachsende Leben sich selbst träumt.

4. Trotz der schützenden Biegung aus Traum und Trost geht die Ablenkung weiter. Im Bilde zu sein, ist immer noch ein Zustand vor der Geburt. Wer bei den Bildern bleibt, hängt zwischen Himmel und Erde wie zwischen Tod und

Leben. Er ist noch nicht auf der Welt. Die menschliche Einbildungskraft ist ein Abkömmling der Höhle, die zur Hölle wird, wenn sie nicht verlassen werden kann. Man hat früher die Bilder deshalb verboten, damit die Geschichte nicht schon beim zweiten Ziel aufhört. Und damit die Menschen lernen, bis drei zu zählen.

5. Das Scheinleben im Spiegelstadium der Bilderhöhle läuft zuletzt auf eine grobe Selbsttäuschung hinaus. Erst auf der Rückseite der Bilder beginnt die Welt. Erst im Filmriß kann die Wahrnehmung anfangen. Erst beim Sprechen wird es wirklich hell. Das heißt Umsteigen vom Raum in die Zeit. Von der *camera obscura*, die den Schoß substituiert, zum aufrechten Gang, der den männlichen Kopf zurechtrückt. Denn Höhlen stellen alles Sichtbare auf den Kopf. Und Spiegel zeigen nur seitenverkehrte Bilder.

6. Seit Platons Höhlengleichnis über die anfängliche Verkehrtheit des Sehens beim Menschen bemühen sich die Philosophen vergebens, den Status der Bilderhöhle zu klären. Die Vergeblichkeit liegt darin begründet, daß eine bloß binäre Ordnung installiert werden soll. Daß die *camera obscura* bzw. die *chambre claire* ebensowenig eine Bleibe sein kann wie die *chora genesios*, der Schoß der Geburten. Über die Augen allein bleiben die Menschen einem doppelten Tod verfallen, der sich jeweils als Ewigkeit maskiert.

7. Von daher kann der Stand der Dinge wie folgt bestimmt werden: die Männer, nach Höhlen gefragt, ziehen die

Schwänze ein, weil sie noch nicht begriffen haben, daß ihre Projektionen aus dem Kopf selbstgebaute Gefängnisse sind. Die Alternative zwischen Körper und Bild gibt es nicht. Auch nicht die zwischen Wirklichkeit und Fiktion. Es geht beide Male um das Selbe, um ein Verhängnis des Weder-Noch. Alles andere beginnt erst mit der Zahl drei undsoweiter. Es muß immer mehrere Gegenteile geben. Erst dann fängt das Leben an.

Kunsthochschule für Medien, Köln, 16.11.1993

Die Zeitstruktur der Bilder

Und wie viele neue *Ideale* sind im Grunde noch möglich! – Hier ein kleines Ideal, das ich alle fünf Wochen einmal auf einem wilden und einsamen Spaziergang erhasche, im azurnen Augenblick eines frevelhaften Glücks. Sein Leben zwischen zarten und absurden Dingen verbringen; der Realität fremd; halb Künstler, halb Vogel und Metaphysikus; ohne Ja und Nein für die Realität, es sei denn, daß man sie ab und zu in der Art eines guten Tänzers mit den Fußspitzen anerkennt; immer von irgendeinem Sonnenstrahl des Glücks gekitzelt; ausgelassen und ermutigt selbst durch Trübsal – denn Trübsal *erhält* den Glücklichen –; einen kleinen Schwanz von Posse auch noch dem Heiligsten anhängend: – dies, wie sich von selbst versteht, das Ideal eines schweren, zentnerschweren Geistes, eines *Geistes der Schwere*.
Friedrich Nietzsche

1. Wenn es gelänge, den Bildern – statt sie weiterhin als Referenten von Realität zu mißbrauchen – aufs neue Reflexionsspuren abzugewinnen, gäbe es womöglich eine Chance, das Fernsehen aus einer dumpfen, stumpfsinnigen Passion in eine hellsichtige Telepathie zu verwandeln. Vom Standpunkt des isolierten Betrachters aus hätten die menschlichen Augen dann die Möglichkeit, nicht mehr nur Schau-

plätze für eine säkulare Niederlage des Sehens zu sein, sondern wieder Erkenntnisorgane zu werden für die Gleichzeitigkeit eines globalen Geschehens, das sich vom toten Raum abstößt und der lebendigen Zeit überantwortet. Die Fernstenliebe als Grundlage reflektierender Hellsichtigkeit kann sich jedoch nur einstellen, wenn bestimmte Lernprozesse durchlaufen werden, die ihren Ausgang allesamt im Wechselspiel von Mediengebrauch und Körpererfahrung nehmen.

2. Die Ursachen für das, was gegenwärtig in und mit den Medien passiert, lassen sich allerdings in der langen, fünfhundertjährigen Geschichte der Einbildungskraft finden, die ein Spektrum von der hingerissenen Vision bis zum gelangweilten Fernsehen aufgespannt hat. Das Sehen ist keineswegs einheitlich und auch nicht vollständig durch die mediale *hard ware* definiert. Die bereits sprichwörtliche Okular-Tyrannis hat ihren Vorlauf im menschlichen Begehren, das Weltverhältnis hauptsächlich visuell durch Beherrschung der Räume zu organisieren. Von der Vision über die Anschauung zur Beobachtung ist ein weiter, etappenreicher Weg. Der Zuschauer, der sich in seinem Sehen ausschließt vom Ereignis und der die Wahrnehmung längst als äußere Zutat versteht, die nichts mehr ändert, ist kein Normalfall. Es gibt zwar reproduzierende, aber zweifellos auch produktive Einbildungskraft.

3. Nicht der Verstand in seiner Instrumentalität, auch nicht die vernehmende und postulierende Vernunft, son-

dern die Imagination war und ist die eigentliche Produktivkraft der Menschen bei ihrem Versuch, anstelle der natürlichen Welt, die als irgendwie gottgegeben galt, eine künstliche Welt zu errichten, die menschengemacht ist. Man hat dergleichen deswegen der Phantasie zugetraut, weil sie als paradiesische, nicht dem Sündenfall unterlegene Erkenntnis in Anschlag gebracht wurde. Einem in allen religiös bestimmten Gesellschaften geltenden strengen bzw. moderaten Bilderverbot entgegen wurde dann eine Entfesselung der Einbildungskraft betrieben, die nach diversen Rückschlägen heute ihrem Höhepunkt zustrebt. Dabei sind die Bilder ausdrücklich als Machtmittel eingesetzt worden, die eine Dominanz des Subjekts über das Objekt festschreiben sollten.

4. Die Phantasie ist also längst an der Macht. Aber das Dominanzbegehren einer denkenden ›Sache‹ (*res cogitans*) über eine ausgedehnte ›Sache‹ (*res extensa*) ist in und an der Realität gescheitert. Bei der Installation eines kontrollierenden Blicks, der ein ›blicklos unkontrollierbares Leben‹ zu überwachen und zu bestrafen hatte, wurde die Zeit vergessen, die es kostet zu herrschen. Diese Zeit fehlt nun allenthalben und geht schließlich ganz aus. Geistesgegenwart mangelt absolut. In ihrer aktuellen Form dient die Phantasie nur noch dazu, alles, was sein wird, in ein Bild von dem, was war, zu transformieren. Lebendige Zukunft wird toter Vergangenheit geopfert. Statt sterblicher Körper, die an einem unvordenklichen und unvorhersehbaren Leben teilhaben, gibt es bald nur noch ewige Bilder, die unter Archivdruck

geraten und die Speicherkapazität belasten. So zwingt das Zeitopfer dazu, ein gesellschaftliches Imaginäres auszubilden, das den gesamten Schutt der menschlichen Geschichte ›für alle Zeit‹ aufbewahren muß.

5. Die Transformation von Körpern in Bilder von Körpern hat in einer Reihe von Abstraktionsschritten stattgefunden. Abstraktion heißt hier ›Absehen von‹. Die Macht des Blicks manifestiert sich in dem, was *nicht* gesehen wird, was der ersten Unterscheidung eines fokussierenden Sehens am Rande zum Opfer fällt. Körper, welche die Umgebung füllen, wurden zunächst auf Abstand gebracht und zu Bildnissen, zu Statuen, zu Bildkörpern stilisiert, dann auf Flächen abgebildet und zu Körperbildern gemacht, schließlich projiziert, auf Bildträger unterschiedlicher Materialien, von der Leinwand bis zum Bildschirm, wobei die Tendenz zur Immaterialität unaufhaltsam war. Von der Umgebung über das Gegenüber zum Gegenstand und zum Gespenst, vom Circumjekt über das Objekt zum Projekt und zum Projektil scheint es kein Halten zu geben. Allerdings benimmt sich das Projektil-Gespenst am Ende wie ein Wiedergänger, wie ein aggressiver Revenant.

6. Dieser Aufstand der Zeichen, diese Antwort der Objekte beginnt in einer seltsamen Perversion: Bilder können das, was sie zeigen, auch verdecken. Weltbilder schieben sich vor die Welt, so daß nichts von ihr übrigbleibt. Die Bilder der Dinge bringen die Dinge zum Verschwinden, so daß da und dort Rettungsaktionen stattfinden. Menschenbilder

stülpen sich wie Rüstungen über die Menschen und nehmen ihnen ihre Wahl, so daß sie noch Jahrhunderte nach dem Feudalismus zu Rittern werden müssen. Gerade die Übertreibung in der Immaterialisierung der Welt und des Menschen ruft die Bilder als Gegner hervor. Sie widerstreiten dem Machtspiel. Sie lassen das Übersehene anwachsen und antworten auf die Strategie der forcierten Transparenz mit neuartigen Schatten.

7. Der Bildschirm bietet zwar Schutz vor der Realität, aber er stützt das Imaginäre als Verkehrsform. Nach und nach bildet sich daraus ein orbitales Medium, das wie ein Gefängnis funktioniert. Die Menschen sind nicht mehr so sehr in Geschichten verstrickt als in Bildern von Gesten und Situationen verfangen. Die hinter den Schirm deponierte Angst korrespondiert mit der Regressionslust, in Einbildung zu vagieren. Beide gemeinsam schaffen nach und nach eine Norm, die als harte Notwendigkeit auftritt. Der eherne Gang der Dinge und der freie Lauf der Phantasie sind überkreuz geraten. Nun erscheint die Wirklichkeit als freier Fall. Aber das Imaginäre ist zu einem verläßlichen Terrorzusammenhang geworden, der die Erwartung und Erfahrung der Menschen rücksichtslos modelt. Es entstand eine ubiquitäre Bilderhöhle, die zur Hölle mutiert, indem sie dem Leitspruch folgt: Es gibt kein Jenseits der Medien.

8. Im Bild triumphiert seit Jahrhunderten die kleine, überschaubare Fläche über den großen, unabsehbaren Raum. Das ist mit einer Täuschung gekoppelt: daß der auf der

Fläche dargestellte Raum als Miniatur des wirklichen Raumes für den Darsteller eine Position der Herrschaft über die Dinge eröffne. Die Täuschung besteht darin, daß die Herrschaft scheitert, weil alle Räume schließlich virtuell werden. Die Menschen verlieren mit ihren Körpern den Raum als Umgebung und behalten nichts als das Blickfeld der Bildfläche. Das Subjekt, das sitzt und sich einem Schirm konfrontiert sieht, auf dem das Bild der Welt erscheint oder verschwindet, je nach Knopfdruck, ist selbst die Metapher für einen maßlosen Verlust. Der Triumph der Fläche über den Raum bezeugt auf besonders eklatante Weise jenes Machtspiel, das derzeit in vernichtende Gewalt ausläuft.

9. Nicht erst Cyberspace trägt diese Doppelsignatur, einerseits Raum von Gnaden und zur Verfügung der Fläche zu sein, Spielraum für einen Willen zur Macht, andererseits Verlust und Zerstörung der den Menschen angestammten Räume zu betreiben, Kriegsraum hinterlassend, der unbewohnbar ist wie der Mond. Auf dem Bildschirm findet der Krieg gegen das, was ist, ein eher unrühmliches Ende. Nicht, was in den Medien referiert wird, ist der Krieg – obwohl nach wie vor viele Bilder vom Krieg zu sehen sind –, sondern die Referenz selbst. Das Weltverhältnis über die Bilder als Machtmittel, mit denen das Subjekt das Objekt dominiert, löscht das, was dominiert werden soll, sukzessive aus. Die *hard ware* – Arrangement von Bildschirm, Bildfläche, Bildbrücke (über den Augenabstand hinweg) hat selbst die Form des Krieges, Vernichtung dessen, was es gibt, Verachtung aller Erscheinung, Verlust der Welt

mittels eines in einem kläglichen Karree installierten Blicks.

10. Das Bild ist zwar ein Augentrost. Auch das Schrecklichste verliert seinen Schrecken, insofern es in ein Bild paßt. Man erinnere sich an das Schicksal der Meduse, nur als Bild überleben zu können, das den im Bild dargestellten Lebensquell, den Tod, vollkommen zu vergessen erlaubt. Der Blick jedoch, der solches leistet, ist vorderhand ein katastrophischer. Er ist auf Untergang des Sichtbaren gestimmt. Er hat Lust an der Zerstörung dessen, was er sieht. Er steht in Allianz zur Apokalypse, zur letzthinnigen Offenbarung des Weltendes. Insofern gibt es keinen ›guten‹ Blick, jedenfalls nicht unter den Bedingungen einer entfesselten Phantasie. Blickzähmung war deshalb unter Menschen immer angesagt, im Horizont der Sprache. Blicke müssen besprochen werden. Wer vor Bildern sprachlos bleibt, gerät erneut in den Schrecken, bestenfalls in einen *horror vacui*.

11. In solchem Schrecken kehrt die verdrängte Zeit zurück, zunächst als ewige Wiederkehr des Gleichen, die das Scheitern des säkularen Willens zur Macht reflektiert: die Zeit als quälende Langeweile, die immer mächtiger wird, je schneller die Lebenszeit rotiert. Die Menschen, die dergleichen spüren, suchen ihre Zuflucht in einer verzweifelten Gegenwehr, in der Zerstörung der zerstörerischen Bilder. Es finden immer mehr Rituale eines *image killing* statt, sei es in der Weise des *zapping*, sei es in der Form von Videokunst. Ob man sich nun lieber am Um- und Abschalten oder an

einer Zerstückelung mit Bedacht beteiligt, man findet sich plötzlich in einem Reflexionsprozeß wieder, dessen Sujet das Bildermachen selbst ist. Man entdeckt die menschliche Einbildungskraft als Zeitgeber und Zeitnehmer und bekommt so die Chance, über das Zwanghaft-Obsessive von Bilderproduktion und Bilderkonsum nachzudenken.

12. Die Reflexionsspuren entsprechen den Zeitspuren. Aufgang und Niedergang der Raumokkupation via Bildfläche und Bildschirm sind selbst zeitlich verfaßt. Es hat ein Drama stattgefunden. Die aufgeklärte Menschheit spielte Ödipus und Ödipus auf Kolonnos, das Drama der Selbstblendung des Täters nach Einsicht in die Tat. In Rücksicht darauf darf das Fernsehen eine Passion heißen, in der Aufklärung über Aufklärung möglich wird. Das Sehen trifft auf das Sehen, im Schnittpunkt einer Kreuzigung der Augen. Das Interface ist ein Schauplatz der besonderen Art: Es erlaubt, den überschüssigen Ausdruck in der Geschichte des Sehens ›mythologisch‹, das heißt mythensprengend, zu erfassen. Die ineinander verbohrten Anstrengungen von Mythos und Aufklärung können anhand einer genauen Wahrnehmung dessen, was beim Wahrnehmen geschieht, gegeneinander gelockert werden. Das kommt vor allem der Sensibilität für die Temporalstruktur der Bilder zugute.

13. Allerdings kann die Reflexion über Bilder nicht weiterhin am Dominanzgebaren der Theorie partizipieren. Gerade Theorie ist heutzutage wegen des mangelnden Gespürs für die Zeit, die sie ermöglicht hat und von altersher durch-

zieht, ein Schauplatz des Unbewußten. Auch geht es nicht mehr um den Konsens von Raumgenossen, der über Einschluß oder Ausschluß verhandelt wird. Die räumlichen Entfernungen der Menschen voneinander sind unwiderruflich. Jede Zuwendung, jede Adresse findet deshalb als ›Fernstenliebe‹ statt. Die Forderung einer hellsichtigen Telepathie gilt nur für Zeitgenossen, die weiterhin auf Geistesgegenwart aus sind. Die geforderte Gleichzeitigkeit der Wahrnehmung löst zwar die Passion nicht auf, wohl aber ihre Dumpfheit. Das Telepathische bleibt dem Pathischen, womöglich auch dem Pathetischen verhaftet. Aber es kann – an der Mauer des Unmöglichen – immer wieder in Hellsicht umschlagen, die den offenen Blick bevorzugt und auch die düstersten Bilder für ihre Geschichte transparent macht.

Paris, Goethe-Institut, Arte, 29.9.1993

Literatur zum Nach- und Weiterlesen

K.H. Barck, Peter Gente, Heidi Paris, Stefan Richter (Hrsg), *Aisthesis – Wahrnehmung heute*, Leipzig 1990
Roland Barthes, *Die helle Kammer. Bemerkungen zur Photographie*, Frankfurt/M. 1985
Jean Baudrillard, *Die fatalen Strategien*, München 1985
Georges Bataille, ›Der verfemte Teil‹, in: ders.: *Die Aufhebung der Ökonomie*, München 1975
Hans Belting, *Bild und Kult. Eine Geschichte des Bildes vor dem Zeitalter der Kunst*, München 1990
Ernst Benz, *Die Vision. Erfahrungsformen und Bilderwelt*, Stuttgart 1969
Hans Blumenberg, *Höhlenausgänge*, Frankfurt/M. 1989
Volker Bohn (Hrsg.), *Bildlichkeit*, Frankfurt/M. 1990
Norbert Bolz, *Eine kurze Geschichte des Scheins*, München 1991
Gilles Deleuze, *Logik des Sinns*, Frankfurt/M. 1993
Horkheimer/Adorno, *Dialektik der Aufklärung. Philosophische Fragmente*, Frankfurt/M. 1973
Wolfgang Kaempfer, *Zeit des Menschen*, Frankfurt/M. 1994
Dietmar Kamper, *Zur Geschichte der Einbildungskraft*, München 1983
Dietmar Kamper, *Zur Soziologie der Imagination*, München 1986
Dietmar Kamper, *Unmögliche Gegenwart. Zur Theorie der Phantasie*, München 1995
Friedrich Kittler, Christoph Tholen (Hrsg.), *Arsenale der Seele*, München 1992
Jacques Lacan, *Die vier Grundbegriffe der Psychoanalyse*, Olten ²1980
J.B. Pontalis, *Aus dem Blick verlieren. Im Horizont der Psychoanalyse*, München 1991
Lea Ritter-Santini (Hrsg.), *Mit den Augen geschrieben*, München 1991
August Ruhs u.a. (Hrsg.), *Das Unbewußte sehen – Texte zu Psychoanalyse, Film, Kino*, Wien 1989
Edith Seifert, *Was will das Weib? Zu Begehren und Lust bei Freud und Lacan*, Weinheim/Berlin 1987
Michel Serres, *Der Hermaphrodit*, Frankfurt/M. 1989
Peter Sloterdijk, *Zur Welt kommen – Zur Sprache kommen. Frankfurter Vorlesungen*, Frankfurt/M. 1988
Jean Pierre Vernant, *Tod in den Augen. Figuren des Anderen im griechischen Altertum: Artemis und Gorgo*, Frankfurt/M. 1988
Paul Virilio, *Die Sehmaschine*, Berlin 1989

Schriftenreihe der Staatlichen Hochschule für Gestaltung Karlsruhe

Band 1
Peter Sloterdijk: *Medien-Zeit. Drei gegenwartsdiagnostische Versuche.* ISBN 3-89322-586-2

Band 2
Kurt Weidemann: *Wortarmut. Im Wettlauf mit der Nachdenklichkeit.* ISBN 3-89322-643-5

Band 3
Edgar Reitz: *Kino. Ein Gespräch mit Heinrich Klotz und Lothar Spree.* ISBN 3-89322-650-8

Band 4
Dietmar Kamper: *Bildstörungen. Im Orbit des Imaginären.* ISBN 3-89322-651-6